CLÍNICA DEL MALESTAR

Miguel Benasayag
con la colaboración de Angélique del Rey

Clínica del malestar

La psicoterapia frente a los nuevos sufrimientos psíquicos

Traducción: Darío Bursztyn

prometeo editorial

Benasayag, Miguel
Clínica del malestar : la psicoterapia frente a los nuevos sufrimientos psíquicos / Miguel Benasayag ; Contribuciones de Angélique del Rey. - 1a ed. - Ciudad Autónoma de Buenos Aires : Prometeo 30/10, 2025.
134 p. ; 23 x 16 cm.

Traducción de: Darío Bursztyn.
ISBN 978-631-6604-97-2

1. Clínica Psicoanalítica. I. del Rey, Angélique , colab. II. Bursztyn, Darío , trad. III. Título.
CDD 150.195

Diseño y diagramación: María Victoria Ramírez
Corrección: Ezequiel Buyatti
Diseño de tapa: Nina Turdó

ISBN 978-631-6604-97-2

Pringles 521 (C1183AEI), Buenos Aires, Argentina
Tel.: (54-11) 4862-6794 / WhatsApp: +54 9 11 4414-4735
coordinacion@prometeoeditorial.com
www.prometeoeditorial.com

Facebook.com/prometeo3010
Instagram: @prometeo_libros
Twitter: @prometeo_libros

Hecho el depósito que marca la Ley 11.723

Índice

Con afecto, a la memoria de David Cooper

Introducción

Inventar el nuevo "caballo azul"[1] *de nuestra época*

Lo que definimos como la 'crisis de Occidente' es, desde los años ochenta, una gran inquietud, y se manifiesta tanto en el plano social como en lo individual bajo la forma de sufrimientos y angustias. Es posible que antes de esta crisis nunca haya habido un mundo ordenado, con un sentido, un progreso y una racionalidad, excepto en nuestros deseos e imaginación. Pero muchos creyeron que era así, y ordenaron sus vidas en consonancia, aunque ahora estén en una crisis persistente, pagando el precio de sus angustias.

En el año 2003, en el libro *Las pasiones tristes*[2] ya habíamos señalado el sufrimiento psíquico contemporáneo. Con esta obra, muchos años más tarde, y con varios decenios de clínica, he intentado hacer una nueva 'puesta al día'. ¡Cuánto ha cambiado el mundo entre mis comienzos como estudiante de Medicina en Buenos Aires y hoy, con una larga práctica clínica y teórica! A comienzos de los años setenta, Buenos Aires era una primavera y una promesa. La posibilidad de una emancipación mundial, social, política, artística y personal nos parecía al alcance de la mano. Por mi parte, atraído por la contra-cultura, ya en mis últimos años de la escuela secundaria así como en los primeros años de la carrera de Medicina, frecuentaba el ambiente de la psiquiatría alternativa y la antipsiquiatría. Y entonces pasaba mis días en el Hospital Borda, pionero de la antipsiquiatría, con diferentes grupos de

[1] Símbolo del movimiento de la psiquiatría democrática en Italia, que postuló la desmanicomialización de los pacientes.

[2] Benasayag, Miguel y Schmit Gérard et al. *Las pasiones tristes. Sufrimiento psíquico y crisis social.* Siglo XXI, Argentina, 2011.

psiquiatría contestataria. Y al mismo tiempo, en una casona del barrio de Belgrano, David Cooper, con su barba y su carisma, nos hablaba de la "verdadera revolución": la crítica a la normalidad. La terapia se entendía como una dimensión más de la emancipación global. Por las calles de Buenos Aires, la contestación y la alegría nos presentaban la lucha contra la dictadura que se avecinaba como una oportunidad, no como un sacrificio.

Ha corrido no solamente agua bajo el puente... Mientras que en Francia los arrepentidos de todo pelaje se pasean en sus coches Mercedes Benz, en Argentina casi todos los que participaban conmigo en esta aventura, ya no están más.

Cuando llegué a Francia a finales de los años setenta, el estado de la psiquiatría alternativa, en especial en los centros de atención, era deplorable, y me acerqué al campo psicoanalítico. Françoise Dolto me concedió el honor de su amistad y sus enseñanzas. Pero si el psicoanálisis aspiraba a tener un aura de seriedad, este no era realmente el caso. En todas estas décadas de clínica en instituciones, a la par de mi práctica psicoanalítica independiente, no dejé de impulsar —o acompañar— proyectos de psiquiatría alternativa, que tenían como meta *la emancipación*. Eso ocurrió hasta el día en que, frente al último idiota convertido en el responsable del centro de psiquiatría juvenil en el que trabajaba, debí renunciar. El idiota en cuestión, en una reunión conmigo, llegó al punto de levantar los puños y decir "¡Todos tenemos que involucrarnos!", lo que significaba que todos los profesionales debíamos trabajar para hacer 'rentable' la clínica *psi*...Por lo cual, me convencí de que en una época en la que triunfan la tecnociencia disciplinaria y el deseo adulterado de normatividad, época dominada por el nihilismo de los cuadros dirigentes graduados en las carreras de gestión y administración financiera-contable, la psiquiatría y la psicoterapia alternativas son más necesarias que nunca como un lugar de resistencia frente a la dificultad de vivir en un mundo, y una sociedad, que se muestran como incomprensibles y caóticas.

Ante lo que nosotros definimos como *nuevos sufrimientos*, la reacción del psicoanálisis ha sido ignorar los grandes cambios antropológicos de nuestra época: el mayor de todos, la hibridación de la cultura y de lo vivo con la tecnología. En la vereda de enfrente, las terapias alternativas se proponen como solución... para desterritorializarnos aún más, olvidarnos de nosotros mismos, si no para ser felices, al menos para sobrevivir. Durante mis años de práctica, fiel a mi formación fenomenológica, he intentado desarrollar lo que podríamos llamar una *terapia situacional*, la cual no tiene por meta operar una revolución en el campo de la clínica ni de la teoría, sino sobre todo, aportar elementos para la 'caja de herramientas' que permita a los terapeutas comprender y actuar frente al sufrimiento inédito de sus pacientes. A menudo, mis propios pacientes me preguntan si no es por lo ocurrido en mi historia personal que encuentro más interesante sus problemas y sus sufrimientos. Pero yo siempre he pensado que, en lo que erróneamente llamamos 'historias personales' se esconde siempre el mismo desafío, bajo una forma u otra: hacer posible la vida —no la sobrevida— en cada situación concreta.

En marzo de 1973, en Italia, salió del hospital psiquiátrico de Trieste un increíble caballo azul de cartón-piedra, fabricado por los pacientes y artistas a instancias del director del hospital, Franco Basaglia.[3] El mensaje que pretendían transmitir al exhibirlo por las calles de Trieste era "romper los muros del asilo", abrir las puertas de todos los hospitales psiquiátricos y liberar a los locos. Hoy, mantengo la convicción de que 'el caballo azul', o tal vez otro Rocinante, debe reaparecer para intentar *liberar a los normales de la norma*. El trabajo de la psicoterapia no debe ser una serie de métodos para disciplinar y hacer 'adaptados' a nuestros pacientes. La terapia que denomino *situacional* pretende ser un primer impulso para ese nuevo 'caballo azul'. Es sobre esto que trata este libro.

[3] Colucci, Mario y Di Vittorio, Pierangelo. *Franco Basaglia, portrait d'un psychiatre intempestif*, Eres, Toulouse, 2005.

I

A propósito de los sufrimientos "psi"

1

¿Qué tienen de nuevo los sufrimientos "psi"?

Después del dolor de espalda, calificado como "el mal del siglo", el sufrimiento *psi* está bien rankeado entre los mayores sufrimientos contemporáneos. En Francia, por ejemplo, sabemos que millones de personas 'sobreviven' gracias a los psicotrópicos, antidepresivos, somníferos y otros ansiolíticos. El alcoholismo y la toxicomanía se han expandido hace bastante tiempo mucho más allá del círculo de los drogadictos 'clásicos', para desarrollarse entre la 'gente bien', sean los agentes de Bolsa, los directivos y gerentes de grandes empresas o artistas del *show business*, y esto sin olvidar la masividad de los nuevos comportamientos adictivos ligados a las nuevas tecnologías, desde los videojuegos a los filmes porno *online*, pasando por la sumisión a las llamadas de los teléfonos móviles...

Es evidente que la gente sufre, pero ¿en qué consiste la novedad de este sufrimiento? El sufrimiento, acaso ¿no es parte de la vida y cada época no tiene los suyos? Para responder a estas preguntas no podemos conformarnos con lo que reflejan los servicios médicos, y en particular los psiquiátricos, que se ven desbordados por la demanda de aliviar el profundo malestar. Menos aún a la evidencia de que el trabajo hace daño, que la vida en las empresas a menudo es estresante y penosa, siempre bajo la amenaza de la precarización, y eso ocurre al tiempo que la vida sin trabajo —incluso cuando uno logra mantenerse igual—, también es enfermante. Es necesario preguntarnos por la base de este sufrimiento: ¿Qué hay ahí que no hubo nunca antes?

"Sufro de soledad"

Una queja muy habitual en la expresión del sufrimiento cotidiano está asociada a la soledad.[4] Esta queja llega a la consulta psi con otras. Los pacientes se sienten paradojalmente "solos" aunque están permanentemente rodeados de otras personas. Una soledad que la viven como una injusticia, y que no dejan de preguntarse por qué es tan difícil vincularse con otros. Es verdad que hay diferencias culturales en este sentido: a diferencia de París, por ejemplo, el lazo social es bastante fuerte en Buenos Aires, y las ocasiones para "crear un vínculo" son múltiples. Una diferencia que, por cierto, tiene que ver con otras prácticas sociales, pero también con el urbanismo y las instituciones. En París, tener necesidad de contacto, estar como en actitud 'demandante', da la imagen de 'perdedor', del *loser*, y esto reafirma el círculo vicioso: nadie quiere tener vinculación con un *loser*. Pero más allá de las diferencias señaladas, la queja por la soledad aparece en todas las 'democracias avanzadas' occidentales y remite a una realidad social común. Se manifiesta en múltiples formas, como la explosión del sufrimiento en el trabajo, en particular porque la persona que es víctima carece de apoyo: se la deja sola en su infierno, como si fuera un paria contagioso.

Sabemos bien que es imposible para un ser humano vivir aislado, algo que los servicios penitenciarios y de 'seguridad' utilizan como método de "tortura psicológica".[5] Pero ¿la *soledad* equivale al *aislamiento*? La experiencia clínica muestra que el hecho concreto de 'estar solo' no remite, necesariamente, a una separación. Esta se funda sobre una ruptura con lo que nos constituye. Una persona puede hallarse físicamente sola estando muy relacionada, como un artesano, un artista, alguien que lee con pasión o escucha música, todos solitarios pero relacionados. El lazo implica estar en contacto con las capas profundas que estructuran nuestro ser, al mismo tiempo que con los demás. A la inversa, la búsqueda de una intersubjetividad a cualquier precio nos deja, la mayor parte del tiempo, en una "separación compartida".

Obsesionados por superar la soledad sin hacerse la pregunta por la separación, nuestros contemporáneos están cegados por las posibilidades de contacto vía internet y las 'redes sociales'. Por supuesto, hay parejas que se forman por haberse encontrado en las redes, pero en tanto que persista la

---

[4] Hirigoyen, Marie-France. *Les Nouvelles Solitudes*, La Découverte, Paris, 2007.

[5] Véase https://www.omct.org/es/quienes-somos/que-es-la-tortura

separación consigo mismo, la *intersubjetividad* apenas reúne a los separados *en tanto que separados*. El vínculo con lo que tenemos en común debe poder encontrarse dentro de nosotros mismos. Sin eso, uno queda en la ilusión de que con el otro se podrá realizar una serie de sueños incumplidos. La relación con el otro sería la condición para que yo tenga trabajo, para que tenga voluntad de levantarme cada mañana, para viajar, etc. Sin embargo, la experiencia clínica muestra que, cuando aparece, ese otro puede convertirse en el justificativo para no tocar el piano, para no viajar, o para no levantarse a la mañana...Y entonces el paciente pareciera buscar confirmar que 'el otro' es responsable de sus impotencias. El otro deviene no ya en el salvador de mi soledad, sino en el culpable de la separación con mi potencia de actuar.

La soledad que está en la base de nuestros sufrimientos psíquicos es de naturaleza ontológica, una soledad como incapacidad para desarrollar y proteger vínculos. Agrega un sufrimiento al que ya se padece. A propósito de esto, puedo traer el caso de una paciente, ella misma psicoterapeuta, que llegó al consultorio en la última cuarentena; madre de dos hijos, con un sufrimiento viejo y profundo en torno a su identidad sexual. Los analistas que había consultado previamente habían trabajado esta problemática de la identidad sexual hablando de su madre, de su padre, de su tía, etc. En este embudo típico del psicoanálisis, el universo debía someterse a la reducción de todo hacia "los sucios secretitos" de su historia personal, como evocaba Deleuze.[6] Esta paciente se sentía no solamente sola con su problemática, que devino más misteriosa y oscura con los años de diván, sino que se vivía también como separada de ella misma, como si un yo 'aceptable' fuera acosado por pulsiones homosexuales.

Llegó, como la mayor parte de los pacientes, con una demanda de exorcismo, porque ser homosexual es un modo de ser en el mundo, una relación con la sexualidad, con el cuerpo y con el deseo, en la cual las historias personales son muy periféricas: recostarse en el diván para preguntarse por qué se es homosexual implica encerrarse en la jaula de la separación. Quedar separado de su homosexualidad es tan doloroso como ser separado de su negritud, de su blanquitud, y así de seguido, en la medida en que el individuo está atrave-

[6] Deleuze, Gilles et Parnet, Claire. *Dialogues*, Flammarion, Paris, 1996, p. 58 ; se hacía eco del «miserable montoncito de secretos» evocado por André Malraux en su última novela (*Les Noyers de l'Altenburg*, Éditions du Haut-Pays, Lausanne, 1943).

sado por cuestiones comunes: personalizar las cualidades personales separa a las personas de su potencia de actuar.

Esta *soledad ontológica* es productora de sufrimientos originales, en el sentido en que engendra impotencia. El actuar está profundamente fundado en nuestros vínculos y lazos, desarrollado con el mundo, con lo que nosotros llamamos nuestra "superficie de afección",[7] la cual si bien comporta sufrimientos, constituye a la vez condición para actuar, o al menos nos da el potencial para actuar en el mundo. De ahí ese fenómeno paradojal: buscar a cualquier precio evitar los sufrimientos implica nuevos sufrimientos, tanto o más agudos que no pueden ser ni pensados ni elaborados.

"No seas como eres"

Esta reducción del mundo a sí remite al horizonte ideológico epocal, según el cual hay que ser permanentemente 'móvil' y estar 'al acecho', como un animal perseguido intentando interpretar bien los signos del entorno que se tornó agresivo. Algunos consiguen adaptarse: "El mundo es mi patio de recreo", dicen, y la compensación afectiva de esta postura consiste en una sensación de euforia de poder, disfrutar del juego de los límites estructurantes como si se tratara de un juego arbitrario. Pero para los otros, incluso para los 'amos', cuando caen, esta *flexibilidad* implica una permanente destrucción de la interioridad, verdadera negación de toda fragilidad que se manifiesta muy concretamente en múltiples sufrimientos.

Esta destrucción es el eje central del desarrollo del nuevo sufrimiento psíquico (y somático) contemporáneo. Desearía comenzar la explicación de esta hipótesis por un caso clínico paradigmático, el de una paciente que llamaré Susana. Se trata de una mujer joven, 'brillante', según los criterios de éxito en el que se encuentran inmersos numerosos jóvenes hoy en día. La cultura de la *performance* etiqueta como 'brillantes' o 'inteligentes' a personas jóvenes que poseen ciertas características de aquello que el mundo posmoderno neoliberal valoriza. Esta valorización desarticulada de ciertos rasgos de la joven se corresponde con la construcción del *individuo modular* posmoderno, hombre o mujer. Tomamos dos o tres 'módulos' que por razones

[7] Entiendo por esto la capacidad de ser afectados por el mundo, a través de nuestras sensaciones y sentimientos.

performáticas consideramos interesantes, y los calificamos de 'inteligentes' o incluso de 'superdotados'. La posmodernidad denomina inteligencia al hecho de que la persona se desintegre lo suficiente como para poder fundirse en el 'exoesqueleto' de una estructura empresarial. Se define como inteligente a aquel que es capaz de jugar a las escondidas consigo mismo, hasta el punto de perderse. La mayor parte del tiempo las personas jóvenes toman esas etiquetas como una verdad que refleja el conjunto de la persona. Etiquetados como 'inteligentes' les resulta mucho más difícil comprender sus debilidades y fragilidades, es decir, sus discapacidades.

Este era el cuadro de Susana: un diploma de una de las facultades de administración de empresas más prestigiosas, y el comienzo de una carrera fabulosa en la empresa, pero también graves dificultades para vivir cualquier vida amorosa a pesar de su edad, con problemas familiares, miedos y fobias, una bulimia persistente y algunos otros síntomas discapacitantes. Como los jóvenes que describíamos, Susana no lograba comprender cómo ella, tan 'inteligente', podía ser tan 'burra' en ciertas dimensiones de la vida. ¿Cómo explicarle a alguien que sentirse inteligente porque se ha amoldado a la perfección a las exigencias de una carrera de gestión empresarial oscurece dimensiones completas de su vida? ¿Cómo explicar que lejos de cualquier inteligencia, ella —como cualquier otra persona— comprende poco, por no decir nada, de la complejidad de la vida?

Rápidamente, Susana me explicó que, como todo cuadro medio o gerencial de una empresa, ella no tenía afinidad alguna, ni interés, por lo que producía la compañía que la empleaba. Y le pregunté, entonces, por qué si no tenía interés por esos productos, ella y sus colegas le ponían tanta pasión al trabajo. Respondió que la empresa funciona por rivalidades fractales entre las personas y los servicios, que absorben la potencia de cada uno sin importar en nada el producto. La empresa captura casi por completo a todas las personas que entran a trabajar allí. Y lo único que queda afuera son sus sufrimientos, los síntomas, la depresión y la angustia. Esto que 'queda', que no son otra cosa que las quejas y sufrimientos, se minimiza pues el *nuevo management*, esta nueva cultura corporativa, coloniza los días, las noches, los fines de semana y las vacaciones. No es extraño, entonces, que la demanda terapéutica del paciente se exprese cada vez como "ayúdeme a funcionar bien" y que se dirija hacia quien puede ofrecer un servicio rápido y eficaz y borre todo rastro, todo síntoma.

Susana, sorprendentemente, quería comprender el 'sentido' de sus sufrimientos, por qué sufría, dónde sufría, sin requerir —contrariamente a lo que había aprendido en sus estudios de administración— rapidez y eficacia en la solución del problema. No tardamos en utilizar la metáfora *exoesqueleto/endoesqueleto*. "Usted funciona siguiendo las necesidades y tendencias de un exoesqueleto", le decía de manera reiterada. "Más allá de los cambios de empleo, usted hace esfuerzos terribles para borrar toda singularidad y ajustarse a los deseos de la empresa". Ella comprendía, pero me preguntaba frecuentemente qué estaba pasando con su supuesto endoesqueleto. ¿Qué iba a descubrir, si es que ella iba a descubrir 'algo' con el trabajo de análisis?

Susana, sobre quien volveré luego, testimoniaba involuntariamente el hecho que los cuadros empresariales están obsesionados por la lógica de los resultados y por la evaluación de la compañía, en la que no puede haber el menor hiato entre lo que mueve al asalariado y los objetivos del empleador.

Dicho esto, no idealizo ni sacralizo la estructura interna de la persona, su *endoesqueleto*, en mi terminología. No ignoro que su estructuración física o psíquica puede ser portadora de patologías, sin mencionar el inevitable declive debido a la edad. El problema es que nuestra sociedad no permite a sus contemporáneos vivir 'como son'. Tomemos como ejemplo a un paciente diagnosticado como psicótico, con problemas comprobados de tipo 'disociativos' que le impiden tener una relación más o menos armoniosa con la realidad exterior. Hasta la década de 1970, allí se abrían dos posibilidades. La primera, represiva, propia de la psiquiatría disciplinaria, con el encierro, pasando por el electroshock, la lobotomía, etc. La segunda, consistía en intentar por todos los medios que el paciente, con la ayuda de su familia y de su entorno, encontrara una forma de "vivir su vida", mediante la incorporación a la vida social. No pienso apenas en la figura del loco del pueblo, sino en todos los que 'no son como se debe', quienes de una manera u otra encuentran cómo vivir su vida logrando hacer que su sufrimiento patológico no sea su única identidad y etiqueta: sublimándola como sufrimiento existencial.

Tampoco se trata de idealizar el pasado: para quienes no son 'como se debe', nunca hubo ternura. Pero si queremos comprender la novedad del sufrimiento actual, es preciso entender el *diktat* del biopoder posmoderno: "No seas como eres", es decir, "sé lo menos posible, y de preferencia conviértete en una gelatina moldeable". Paradójicamente, este devenir 'gelatina' es infinitamente más difícil para quienes 'no son como se debe'. Por ello, los marginales, los locos, los desempleados, los sin-papeles, los demasiado viejos, los demasiado gordos, y varios más, sufren de entrada. La jaula se cierra sobre ellos. La medicalización de la vida entraña una patologización del sufrimiento, que modifica su naturaleza y lo hace insoportable.

"Tu sufrimiento no tiene sentido"

Un ejemplo de esto es el caso de los llamados 'niños hiperactivos', principalmente los que son tratados con Ritalina, los que antes eran calificados como 'inquietos y alborotadores', y que podían serlo por diversas razones. No pretendemos explicar sus comportamientos como un 'a + b'. Ser inquieto era considerado como una forma de ser-en-el-mundo, sin duda, pasajera, que había que aceptar. Pero desde que el reduccionismo fisicalista creyó haber encontrado 'la causa' de la hiperactividad —un déficit en la producción de dopamina—, el modo de ser en su multiplicidad conflictual desapareció para favorecer una concepción lineal simplista, y una vez que se impuso la etiqueta, creyeron saber todo sobre los pequeños bajo esa etiqueta.

El fenómeno en cuestión es la medicalización de la vida.[8] Medicalizar la vida es actuar como si los modelos completos y constantes pudieran subsumir los funcionamientos intrincados y complejos de la vida. La inscripción del sufrimiento en el modo de ser, entonces, sustituye a una interpretación de lo vivo en términos patológicos.

Sabemos que sufrimos, no solo por el mal que nos carcome, sino también por lo inadmisible de ese mal como un elemento de nuestra vida. El enfermo es asimilado a una suerte de *desviado social*. La norma deviene un diktat imperativo: si usted es obeso o anoréxico, cardíaco o diabético, o sufre de una enfermedad psíquica, eso es tarea de los técnicos de la salud, los que tienen la grilla de la norma, y lo único que usted debe hacer es ser 'beneficiario de los cuidados', pasiva y obedientemente. Este modo de aprehender el sufrimiento duplica la pasividad, a menudo, dolorosa. "El sufrimiento no tiene nada que ver con usted. El cuerpo, o el cerebro, tomó un camino equivocado, y es inútil buscar un sentido a este desvío: usted debe dejarse regular por los técnicos y las moléculas ad hoc".

[8] Benasayag, Miguel. *La Santé à tout prix*, Bayard, Paris, 2008.

Pero esta desubjetivación del sufrimiento, al cual se le niega todo sentido, implica una pérdida para la cultura. ¡Qué poeta habría perdido la humanidad si las moléculas 'adecuadas' hubieran hecho de Antonín Artaud un pequeño y prolijo cajero! Artaud sufrió enormemente, pero su sufrimiento es inseparable de su creación, e inmortal. Él no sufrió su locura, él la transformó a pesar suyo en el 'trampolín' de su potencia. A la inversa, el reduccionismo hace que todo en nuestras vidas aparezca encuadrado bajo la forma de una serie de actividades, más o menos sanas, más o menos terapéuticas. Uno no hace teatro, ni hace música *porque*...; si hago teatro es porque me desestresa, me alivia las angustias. Si uno nada no es por gusto o placer, sino para evitar el dolor de espalda. Se busca formar una pareja por interés o con fines terapéuticos. ¡Hasta la risa, que Aristóteles consideró lo propio de la persona humana, ha devenido en una actividad terapéutica!

Podríamos resumir esto de la siguiente manera: el *sufrimiento existencial* hoy está colonizado por el *sufrimiento patológico*. Entiendo por "sufrimiento existencial" el modo en que el humano experimenta el hecho de ser limitado: limitado en tanto que individuo, en tanto que grupo, en tanto que especie viviente. Incluso siendo esto contraintuitivo, los límites son esenciales para la vida, es la condición para la "estabilidad lejos del equilibrio" —para retomar la famosa fórmula de Claude Bernard—. Por eso, muerte, enfermedad, impotencia, sufrimiento, lejos de ser un conjunto de debilidades, forman parte de la dinámica de la fragilidad sin la cual no puede haber vida, salud, alegría. No obstante, el credo posmoderno, cientificista y economicista se basa en la idea de una potencia que desconoce todo proceso antagónico, y considera todo límite como una injusticia que proviene del exterior. Mediante un imaginario más o menos confuso, mezclando en una bolsa de compras ingeniería genética, células madre, robótica, nanotecnologías, etc., le dicen al individuo posmoderno que "todo es posible", olvidando de mencionar la condición: "Siempre y cuando obedezcas". No se supone que me sienta limitado y vivo, sino que sufra pasivamente mis limitaciones como otra de las patologías. Lo que se consideraba sufrimiento *existencial*, es decir, experimentarnos potentes y limitados, devino en un asunto técnico, en sufrimiento *patológico*.

La desaparición del sentimiento trágico

El tratamiento del duelo en la ideología dominante es un buen ejemplo de esta colonización del sufrimiento existencial a manos del sufrimiento patológico.

En su última versión, de mayo de 2013, el famoso *Manual Diagnóstico y Estadístico de los trastornos mentales* (*Diagnostic and Statistical Manual of Mental Disorders*) de la Sociedad Americana de Psiquiatría, llamado *DSM 5*, afirma que un duelo que dura más de seis días comienza a ser patológico (ver más adelante, el Capítulo 5). El individuo posmoderno 'gelatinoso moldeable', no debe 'perder' su tiempo, la gelatina no puede endurecerse sin que un diagnóstico —propio del biopoder—, no lo etiquete. Pero en el mundo real de la experiencia humana, aunque la herida puede curarse, la cicatriz perdura, cambiando en el curso de los acontecimientos: la pérdida del ser amado modifica a la persona para siempre, pero eso no significa necesariamente, una tristeza permanente. Como escribió el poeta Atahualpa Yupanqui, ese acompañamiento es sobre todo de tipo "y con nosotros nuestros muertos, para que nadie quede atrás".

El sufrimiento existencial puede identificarse con la tragedia de la vida, y el sufrimiento patológico con la experiencia de lo que es vivido como 'grave'. Lo *trágico* reside en la existencia de los lazos que unen al individuo con su entorno natural, su familia, su cultura, y sobre todo, con su capacidad individual de ser afectado por los sucesos no necesariamente cercanos, una *continuidad* sin *contigüidad*. De ahí que podemos ser íntimamente afectados por lo que toca a tal persona, o cultura o pueblo, en los cuales estamos basados y atravesados. También estamos afectados por las manifestaciones del pasado o de un posible futuro, por las problemáticas artísticas o científicas. Como sostenía el filósofo griego Plotino, "no hay un punto en el que uno pueda fijar sus propios límites como para decir 'hasta aquí soy yo'".[9] A la inversa, lo *grave* implica la serialización; lo que es grave lo es siempre para alguien, o para un grupo. Podemos pensar y sentir que algo es grave para otro, o incluso que tal y cual amenaza futura es grave, como por ejemplo el desastre ecológico. No obstante, la percepción de la gravedad de tal o cual suceso no se asienta en la existencia de lazos verdaderos.

[9] Plotino, *Ennéades*, Les Belles Lettres, Paris, 1970, p. 93.

La Shoah, por ejemplo, ha marcado un punto extremo de tragedia. Lo que ha pasado en las cámaras de gas de los nazis afecta de forma directa a la mayor parte de los humanos. Después de Auschwitz, cada hombre y cada mujer saben que la humanidad que hay en ellos ha producido el monstruo. Pero para otros genocidios, como el de Armenia, Camboya o Ruanda, si bien todos concuerdan en que se trata de acontecimientos muy graves, son muy pocos quienes sin tener un lazo más o menos cercano con ellos, se sienten profundamente afectados por los mismos. Y así, podríamos multiplicar los ejemplos evocando un mundo donde los individuos serializados viven sin poder ser afectados más allá de su yo saturado por lo inmediato. También es penoso constatar que muchos de nuestros contemporáneos, mientras se dicen muy preocupados ante el desastre ecológico, hacen pocos intentos por ordenar sus vidas en procura de intentar frenarlo. Separado del ayer, separado del mañana, privado de toda dimensión trágica, su vida tiende a reducirse a la doble escritura de su historia clínica y a los altos y bajos de su cuenta bancaria. Las noticias que reciben pasivamente del mundo los hunden en la impotencia. Esa vivencia de impotencia es un elemento central del sufrimiento psíquico contemporáneo. Es que ignorar los lazos no significa que no los tengamos o que no los experimentemos, ni tener conciencia de ellos implica una garantía de vivirlos como un puro padecimiento: ignorarlos es no poder resistir a su desintegración permanente, no poder construir y, por tanto, no experimentar la alegría...

2

Los sufrimientos que se arraigan en la época

No sorprende que la multiplicación de sufrimientos, vividos como patologías, se traduzca en una creciente demanda de consultas, de las cuales una parte se encaminan a los psicólogos. Sin embargo, esta demanda tiene características visiblemente nuevas. La demanda clásica estaba centrada en la necesidad de comprender: "¿Doctor, por qué sufro? ¿Qué significa este sufrimiento? ¿En qué historia radica ese sufrimiento y cómo leerlo?". Suponía que había un sentido detrás de ese sufrimiento. Hoy, no hay nada de eso, o cada vez menos. La nueva demanda 'modular' o 'instrumental' está centrada en la constatación de un disfuncionamiento, o simplemente de fallas, y con el objetivo de una reparación. La persona que hace esta pregunta corresponde cada vez menos a la figura del *individuo* construido por la modernidad, con pliegues y repliegues, y una interioridad y "rincones secretos", y cada vez más a ese "hombre sin atributos" descripto por Robert Musil.[1] El individuo 'posmoderno' se siente y se concibe como una superficie idealmente lisa, constituida por módulos, que tal vez funcionen mal, *dis-funcionen*. Al vivirse según la estética epocal dominante como una máquina performativa y bien adaptada, sorprende al psicólogo porque al presentar su letanía, no ve realmente por qué tiene que elaborar y debatir acerca del sufrimiento...

[1] Benasayag, Miguel y Del Rey, Angélique. *Éloge du conflit*, La Découverte, Paris, 2007.

Miguel Benasayag

El desafío de la clínica *psi*: del paciente de antaño al 'nuevo paciente'

Las quejas se multiplican, es verdad, pero los pacientes se sorprenden cuando intentamos contextualizar sus sufrimientos; lo viven como si cuando van al dentista por una urgencia por un terrible dolor de dientes, el profesional les respondiera con largas sesiones programadas a lo largo de varios años, en las que explicaría la aparición de la dentición en la evolución y le pidiera hablar de los molares y premolares de sus parientes, amigos y hermanas. Los pacientes comprenden cada vez menos que la respuesta clínica se presente como una serie de preguntas.

Es claro que hasta finales del siglo pasado la consulta psicoanalítica típica se fundaba sobre la convicción —compartida por el paciente y su terapeuta— de que en el centro del sufrimiento del paciente había un significado encriptado que permitiría explicar la falla, o tratarla. El paciente expresaba su incomprensión ante su incapacidad de desarrollar ciertas posibilidades en su vida, sea amorosa, parental, de relación con sus amistades, consigo mismo; y estaba convencido de que en esos posibles, que le estaban interdictos, se hallaba la llave de una cierta 'armonía' quebrada. El paciente 'clásico' se parecía a los comensales del filme de Luis Buñuel, *El ángel exterminador*, que al final de la cena se dan cuenta de que aunque la puerta de la casa estuviera abierta, ellos no podrían salir. Los invitados comprenden, poco a poco, que algo pasó en esa velada que atentó contra la armonía, y retoman la cena, tras lo cual pueden salir. Como metáfora de esa película, podríamos traducir la queja neurótica clásica en estos términos: "Hay una serie de cosas que deberían serme posibles, pero que a causa de una ruptura de la armonía (una falla) no me son composibles".[2]

Tanto en la clínica como en la demanda clásica, la hipótesis es, entonces, que una armonía se ha quebrado en un cierto momento de la vida del paciente. Una hipótesis que implica, a su vez, la convicción de que el paciente no es un átomo separado del resto del entorno, sino un elemento ligado y fundado por ese todo. Un principio holístico de arriba hacia abajo —*top down*, y presupuesto como la base donde la cosa *psi* toma sentido, y/o pierde su sentido—. Esta hipótesis común explica también la insistencia muy fuerte del

[2] Composibles refiere al subconjunto de los posibles realizables con respecto a los posibles, en teoría.

paciente de antaño para identificar, con su terapeuta, con la mayor precisión posible, la causa y el momento de la falla. Así es como una paciente, molesta y enfadada, se niega a hablar de cualquiera de las posibilidades actuales de su vida, en nombre de un conjunto de posibilidades en teoría. Le importa poco, dice, lo que es posible hacer o no actualmente en su vida; lo único que le interesa es comprender qué le pasó en su tierna infancia y que le privó hoy de otros posibles, imaginarios o reales.

Con ese mismo dispositivo es muy habitual que los pacientes busquen las causas más o menos lejanas que ligan de modo tal vez imaginario su historia familiar a grandes tragedias de la historia. Por ejemplo, en Francia es moneda corriente que en la terapia el paciente busque, incluso de manera laboriosa, la vinculación de su familia con el Holocausto. En Argentina, no es extraño que el paciente y su psicólogo investiguen en las sesiones un lazo entre el sufrimiento del paciente y la historia trágica de los desaparecidos durante la dictadura de los años 1970, y así sucesivamente. En todos los casos, el paciente se resiste a todo reduccionismo o simplificación de sus síntomas y de su malestar a causas no ligadas a dimensiones trágicas.

Esto es precisamente el cambio que se ha operado en la demanda: lenta pero firmemente deriva de una demanda con articulación *trágica* hacia una consulta *serializante*, en la que el paciente habla de lo que parece 'grave' para *él*. En las nuevas demandas no hay Shoah ni desaparecidos ni genocidio armenio ni migrantes sin documentos ni cadáveres en el placard. Ya no vamos a hostigar al abuelo colaboracionista francés para saber qué hizo durante la guerra, para comprender su impotencia sexual. No hay necesidad de evocar las cámaras de gas para justificar las fobias a los ascensores, y cada vez menos los pacientes quieren comprender las causas simbólicas de sus úlceras, diabetes o tumores. Nadie hará un largo análisis para creer comprender que si es autista es porque su madre no lo miraba fijamente mientras le daba la teta. Y, siguiendo con el autismo, muy poca gente piensa que lo que le ocurre a un niño autista es estructuralmente isomorfo a lo que le ocurre a un prisionero en un campo nazi.

En el servicio de psiquiatría infantil en el que trabajaba, los tabiques entre cada gabinete eran muy finos; recuerdo los largos discursos que un colega tenía todos los lunes, miércoles y viernes con un niño autista durante tres cuartos de hora. Lo imaginaba meciéndose de un lado a otro mientras mi querido colega monologaba sobre la mala calidad del "envoltorio" —tal como definía Bruno Bettelheim la psicosis autista—, sobre la carencia de mirada materna (que no lo envolvía), y otras propuestas que, si no hubieran tenido el justificativo de ese marco, habrían provocado miradas sospechosas sobre su salud mental. En este breve itinerario, ¿cómo no evocar las increíbles propuestas kleinianas que transformaban, en la imaginación de un profesional conocido mío, los trenes y las estaciones en coitos omnipresentes?

Nada de todo eso hay hoy en la demanda de terapia *psi*. Hay un paciente nuevo, y para este si una fobia, una impotencia o una depresión le impiden ser *performante*, viene a verte con una mirada en la que deja traslucir que, como en una cadena de venta de electrodomésticos, tendrás que reembolsarle su dinero si encuentra un producto más barato en otra parte, o simplemente más 'eficaz'. En resumen, con una mejor calidad-precio. "Doctor, estoy deprimido, duermo mal, siento culpa de haber dejado a mi anciana madre en un geriátrico bien lejos de mi casa... ¿qué hago ahora?". Usted, pobre y pequeño psi, dese cuenta de que este paciente-cliente es muy desconfiado. Usted no tiene la seguridad de Freud, ni esa liviandad que da el delirio de Mélanie Klein, y menos todavía el soberbio dominio de un Lacan. Al menor paso en falso el paciente se va a un conductista, a un neurólogo, a un acupunturista, a un osteópata, a un terapeuta corporal, a un gurú o a un coach. Uno intenta recordar otros tiempos, casi míticos, cuando Lacan concluía a los dos minutos y medios la sesión con una bofetada a su paciente, de la que este hablaría con orgullo durante años —conozco como mínimo tres psicoanalistas, dos de ellos argentinos, que relataban las bofetadas de Lacan como si fueran interpretaciones—.

El paciente actual mira al psicoanalista como si fuera un vendedor de autos de ocasión. Las cosas cambiaron al límite que tal vez sea él quien dé la bofetada. Pero, convengamos, todo esto no impide que el cambio sea profundo, sin duda demasiado, como para ser leído como la mera llegada de un nuevo *rapport* entre el *psi* y el paciente. En esa autoridad perdida hay que ver, sobre todo, la puesta en cuestión de un paradigma de ciertas certezas, jerarquías, y sus sentidos. Este cambio radical que estamos viviendo se manifiesta, sí, en la intimidad del consultorio del psicólogo.

Enrique, testigo de la destrucción de la interioridad del hombre de la modernidad

Los nuevos sufrimientos tienen su raíz no en el individuo, sino en el cambio de época. Cada vez más seguido pareciera como si la persona fuera objeto pasivamente de agresiones que provocan desde estados patológicos a la etiología no endógena, aun cuando ciertos terrenos favorecen los efectos de este entorno hostil.

Como muestra el caso de Susana que trabajamos anteriormente, uno de los temas de nuestra época es el maltrato a los adultos jóvenes, consistente en elogiar constantemente algunas de sus 'cualidades' —más o menos imaginarias, siempre banales—, mientras los fulminan con un discurso securitista que los pone en pánico en relación con su futuro. Reyes sin reino, estos jóvenes se ven impedidos de asumir la conflictualidad, los atajos del camino, tomarse el tiempo y riesgos, o sea, el conjunto de las experiencias que caracterizan la juventud en razón de la etiqueta reduccionista ligada a la época.

A sus treinta años, Enrique —que como tantos de su generación se considera brillante—, vino a mi consulta en 2010 por un problema de falta de motivación que lo llevaban a repetidos fracasos. En la primera sesión, planteó la posibilidad de ser cantor, comediante o dramaturgo exitoso. Interrumpí su interminable lista y le pregunté si sabía cantar. Me respondió que nunca intentó y que no sabía música, y me explicó que se arrepentía de no haber tenido la voluntad de aprender a tocar un poco la guitarra. Su imagen virtual de tocar la guitarra, inmediatamente ligada a un gran éxito social y económico, le parecía agradable. En la vida —devenida en supermercado—, él compraría ese 'producto', y entonces se lamentaba de que no hubiera un método más 'amable' para poseer esas competencias, esos 'módulos'. Resulta que para él, como para muchos jóvenes de su generación, ser cantor o actor es, ante todo, la expresión de una serie de 'competencias' o habilidades que uno puede adquirir, o comprar. Enrique se veía como una suerte de *hardware* sobre el cual se puede conectar cualquier tipo de *software* (lógico).

Él me explicó también a lo largo de las sesiones sus dificultades para establecer vínculo con las mujeres, un problema que se tornó moneda corriente en su generación. Gran adepto a la pornografía por internet, concluyó que la masturbación frente a una pantalla era el acto más próximo a lo que quería: con las mujeres 'reales' tenía dificultades para encontrar placer. También ahí reconocemos los rasgos de ese individualismo posmoderno donde el yo es reconocido por circular en un mundo-supermercado, eligiendo los objetos en función de su factibilidad de ser útiles o placenteros. Es muy complejo para Enrique imaginar una razón por la cual él debería privarse de un placer. Cuando le recordé que, tal vez, sería necesario que estudie música para ser cantante o *sentir atracción* por su pareja antes de hacer el amor con ella, él reflexionó, y luego de un gran esfuerzo concluyó que ese 'trabajo' debe justificarse para el aumento de placer. Imposible para él comprender que su placer no tiene nada que ver con sus deseos, o dicho de otro modo, con su destino —no entendido este como fatalidad, sino como un conjunto de tropismos, afinidades electivas, bien territorializadas, que configuran el 'ser-en-el-mundo' de una persona—. Siguiendo nuestro "destino", puede que obtengamos placer, puede que encontremos alguna utilidad: en cualquier caso, será algo más que un placer. Lo importante, como decía Nietzsche, es "devenir lo que se es".

Frente a un paciente como Enrique, con un comportamiento de fracaso permanente, es más que útil preguntarse por las causas endógenas de su estado, propias de su historia personal. Lejos de mí negar los factores ligados claramente a la vida personal o familiar del paciente. Sin embargo, estoy convencido de que su caso, como el de muchos otros y otras jóvenes, incluido el de Susana, refleja el movimiento brutal y radical de la posmodernidad: la deconstrucción, es decir, la destrucción de la interioridad de los hombres y mujeres de la modernidad. Y este movimiento es tal que el análisis de las causas endógenas resulta, sin duda, crecientemente inadaptado.

Siguiendo a Gilles Deleuze, podemos decir que el hombre de la modernidad, el que comienza a ser producido y autoproducido en el Renacimiento, es esencialmente un ser de 'pliegue'.[3] Como describían Georges Duby y Philippe Ariès, la producción de esta interioridad está lejos de dar cuenta de una emergencia natural, y menos aún de un rasgo común a toda cultura o civilización.[4] Occidente y su modelo de hombre 'moderno' son muestra de una historia de coevolución; la de hechos poco analizados como el impacto cultural y psicológico, además de fisiológico, de la lectura silenciosa, que empieza a constituir la base de los "jardines secretos" del individuo moderno, o la

[3] Deleuze, Gilles, *Le Pli. Leibniz et le baroque*, Minuit, Paris, 1988.

[4] Duby, Georges et Ariès, Philippe (dir.), *Histoire de la vie privée*, 5 tomes, Seuil, Paris, 1985-1987.

domesticación del cuerpo hacia un verdadero olvido del cuerpo a través de la danza, o las normas de cortesía y decoro en la mesa. Occidente ha creado un modelo singular de hombre, con una topografía y un territorio internos, a los que corresponde una muy compleja cartografía. El hombre de la modernidad se hace a sí mismo las preguntas que de otro modo la teleología le hubiera hecho a la divinidad. En cuanto a las ciencias humanas, se desarrollaron en el siglo XIX tanto para explicar como para producir al hombre que describían. Conceptos como 'yo', 'superyó', 'consciente' o 'inconsciente' corresponden a la cartografía de un territorio ciertamente real, pero de una época y de una cultura bien determinada. El *individuo* posmoderno de fin del siglo XX se basa en el despliegue de su predecesor, barroco y secreto. Se ve transparente y panóptico. Hoy el 'pecado' no reside en absoluto en el contenido de un secreto, sino en el mero hecho de *tenerlos*. "Todo lo que es bueno aparece y todo lo que aparece es bueno", escribía con claridad Guy Debord en 1967 en su famoso ensayo *La sociedad del espectáculo*, en la cual nuestros coetáneos hacen un espectáculo de su intimidad.[5] Un pronóstico mal comprendido en ese momento, pero más que confirmado luego por la llegada del individuo de Facebook y de los blogs, o del parloteo sin cesar del teléfono móvil, que ha barrido la frontera entre lo privado y lo público. Y ya que podemos decir y mostrar todo, *debemos* hacerlo.

Cuando criticamos públicamente que los métodos de control panóptico han devenido omnipresentes, siempre hay alguien que responde "si no tiene nada que esconder, ¿cuál es el problema?". Aquel panóptico que nació como una temible prisión, se convirtió en el modo de vida deseado por una parte mayoritaria de nuestros contemporáneos. Los charlatanes impertinentes no cuentan su vida en los blogs, más bien son las características de esos blogs y aplicaciones de redes sociales que disciplinan su cotidianeidad: ellos viven su vida para contarla, del mismo modo que toman fotografías para Facebook. De alguna manera se venden como productos, describiendo sus competencias y cualidades: "Yo tiro al arco, me gusta el cine australiano, no fumo, en la cama me gustan las posturas deportivas, soy muy sensible...". El siguiente paso es la evaluación panóptica: la cantidad de 'amigos'. ¿Qué puede significar esta palabra aparte de todas las afinidades electivas? Da cuenta, evalúa su ser, hecho de pura apariencia. Y de vez en cuando hacemos los 'ajustes'

[5] Debord, Guy, *La Société du spectacle*, Buchet-Chastel, Paris, 1967.

necesarios, cambiando algunos módulos para que el producto sea más vendible, cuestiones de comunicación... Por sobre todo, la clínica muestra que desconfiamos de cualquier punto ciego que pueda formar parte de nosotros mismos. O bien volcamos todos nuestros secretos más oscuros y sórdidos en los burdos confesionarios de la mirada de todo el mundo, es decir, de nadie.

Del humano a los 'recursos humanos'

Esta desarticulación del individuo de la modernidad, podría parecer como una pura dispersión. Así, los tratamientos del sufrimiento contemporáneo por la medicina molecular indicarían la realidad de esta desintegración: una molécula para la depresión, una para la hiperactividad, y así sucesivamente. Todo parece demostrar que la deconstrucción del modelo del individuo de la modernidad nos coloca frente a funcionamientos dispersos, tratados de forma aislada, a tal punto que la articulación de la totalidad aparece, ella misma, como una dimensión separada del funcionamiento. Aquel individuo moderno, unificado en torno a una figura psíquica y corporal, era estudiado y comprendido como una serie de mecanismos convergentes, dinámicos y evolutivos. La medicalización de la vida no se enfoca ya hacia esas unidades, sino en los mecanismos y procesos transindividuales: lo que importa, todo, son las estadísticas, los riesgos, los beneficios, los costos, los porcentajes y las posibilidades que van a determinar el diagnóstico y el tratamiento, lo que pareciera confirmar que ningún punto de vista totalizante —y menos aún, centralizado— puede comprender el fenómeno de lo vivo.

Sin embargo, esto es solo una apariencia. En realidad cuando se quejan, y no sin razón, de no ser considerados como singularidades únicas, y que son tratados solo como agregados y mecanismos, no hacen más que expresar la mitad del dispositivo. Esta dislocación de la unidad biológica y psíquica está reordenada y reestructurada mediante la captura, de esos módulos, por los macroorganismos económicos y productivos —las grandes corporaciones multinacionales y las organizaciones intergubernamentales que son el centro neurálgico de la globalización, como la OCDE, el FMI o la Unión Europea—. El ser humano, que a fuerza de destejer y hacer transparente la naturaleza ha terminado por destejerse a sí mismo, hoy está capturado como 'piezas de repuesto', por y para la macroeconomía porque para esta es un 'recurso humano'. Un término que expresa con total claridad el enfoque racional del ser vivo a través de 'módulos' útiles a la economía. Por ejemplo, solo algunas de las funciones útiles del cerebro serán de interés para una empresa concreta, que solo capturará esas partes, y evitará que interfiera el resto del cuerpo y la singularidad de la persona. Podría afirmarse que el obrero de la cadena taylorista ya era este modelo de 'recursos humanos'. En realidad, el contexto epocal permitía que a esa alienación de la fuerza de trabajo le correspondiera una reunificación de la persona en tanto que proletario, miembro de una clase. La macroeconomía acelera esta dislocación para utilizar en cada ecosistema aquello que necesita, y descarta el resto. La producción del 'hombre de competencias', que acumula competencias, implica el pasaje de alguien que, en virtud de su historia, posee ciertas habilidades, hacia un 'hombre sin cualidades', superficie vacía que debe todo el tiempo hacer tabula rasa de su singularidad para convertirse en 'procesador de información', o sea, una cantidad de energía amorfa, que puede y debe moldear los exoesqueletos exigidos por la macroeconomía.

Es necesario comprender esta 'desterritorialización' de la vida en su profunda e inquietante radicalidad. Porque los ejemplos son muchos y muestran que las necesidades de la macroeconomía producen 'moldes' para la energía 'recursos humanos', una producción no viable ni para el humano ni para el resto del ecosistema. Todos lo sabemos, pero nos cuesta asumirlo: en ese caso, lo vivo perece sin ningún mecanismo de autorregulación centrado en la defensa de lo vivo que pueda protegerlo de la nueva estructuración del mundo dictada por los caprichosos nuevos dioses del Olimpo económico.

3

La dominación del artefacto sobre la vida

Los procesos concretos de desterritorialización de la vida corresponden a un fenómeno histórico único y paradojal, en el cual la omnipresencia de las máquinas y las tecnologías de todo tipo no solo no han liberado a los hombres del trabajo —como se creía en algún momento—, sino que han desarrollado una 'artefactualización' de lo vivo y del mundo. Técnica y artefactos se han constituido en un verdadero filtro, es decir, en una pantalla que parece alejar a los vivos y al hombre de sí mismo. Sin embargo, no podemos sostener que una persona, un ser viviente, esté 'alejado de sí mismo', porque eso implicaría creer falsamente en la existencia de una esencia pura transituacional, metafísica, más allá de la técnica y de los cambios históricos. En la producción social de su existencia, el hombre se produce a sí mismo (K. Marx), no hay un hombre o una mujer separable de las técnicas de su época: evolucionan en conjunto con el ecosistema en forma conjunta y se codeterminan. Pero eso no impide que en la dominación del artefacto sobre la vida se encuentre el origen de los nuevos sufrimientos contemporáneos. Comprender esta dominación es aclarar los sufrimientos en cuestión.

En qué consiste esta dominación: un reduccionismo

El fenómeno viviente se basa en la capacidad de los organismos de interactuar tanto entre sí, propios de cada especie, como de recortar el conjunto de su entorno, a priori continuo, en unidades significativas. En el caso de la especie humana, el modo de recorte de lo real incluye a la cultura. Sin embargo, como ha explicado el matemático y epistemólogo italiano Giuseppe Longo, investigador de la Escuela Normal Superior de París, los artefactos y, en particular, las nuevas tecnologías digitales que han cambiado radicalmente nuestro mundo a partir de la década de 1980, recortan lo real mediante un muestreo de una serie de puntos con los cuales construyen un modelo.[1] El artefacto, entonces, actúa como si hubiera una realidad atravesada por una 'línea punteada a recortar', lo que produce, entre otros, ese efecto de realismo naif, tan fuerte en nuestra época. Así, los biólogos al igual que los psicólogos conductistas, o incluso los pedagogos 'de habilidades y competencias', implícitamente tenderán a considerar que tratan con datos y hechos concretos en su trabajo —sean moléculas, comportamientos, competencias, etc.—, que existirían por fuera de todo modelo o grilla de análisis.

Por otra parte, no estamos insinuando que los hechos o las partículas sean cosas que existan "en sí", ni menos aún, como creyeron los teóricos del 'giro lingüístico' de los años 1950 (ver luego el Capítulo 5), que se trataría de creaciones de la subjetividad o de simples 'teorías' o narraciones. Los hechos son, ante todo, respuestas concretas a ciertos tipos de cuestiones, que tienen *una existencia objetiva como resultado de la objetivación contextual*. Es esta contextualización la que ideológicamente suprime el artefacto y los modelos matemáticos en los que estos se asientan. Esos modelos implican, también, la teoría de la información, cuya hipótesis central se transformó actualmente en 'todo es información' codificada, decodificable y comprensible.

El modo de recorte que lo vivo y la cultura hacen de lo real no se rige por un mecanismo de ese tipo, pues, como vimos, la coevolución y la co-construcción del mundo, de la naturaleza y de la cultura implican el desarrollo de lazos orgánicos. Esos lazos conectan entre ellos mecanismos complejos que producen conjuntos integrados. Cuando un organismo vivo —en el caso de lo humano, la cultura— recorta formas de su contexto, ese recorte, que jamás corresponde a una captación banal y naif de formas exteriores existentes, como bien explicó el biólogo Francisco Varela,[2] a la inversa de los artefactos digitales, conlleva consigo el sustrato complejo del que emerge. Para retomar un concepto desarrollado en un libro anterior, la información recogida por

[1] Longo, Giuseppe. «Géométrie et cognition», *Revue de synthèse*, nº 124, Paris, 2004.

[2] Véase en especial Francisco VARELA, *Autonomie et connaissance: Essai sur le vivant*, Seuil, Paris, 1989.

las formas orgánicas (lo vivo y la cultura) también implica dimensiones de 'información no codificada'.[3]

El artefacto, por su parte, simplifica la complejidad de la realidad, lo que *establece un reduccionismo*. Producto de la artefactualización del mundo, el realismo 'ingenuo' no comprende la importancia del contexto, de la territorialización. Cree en la existencia objetiva de elementos simples, impulsados por procesos *bottom up* que van de lo simple a lo complejo, y no ve que los procesos no proceden por agregación. En los procesos únicamente *bottom up*, lo que existe 'realmente' no son más que partes agenciables de modo ascendente para formar un *agregado que funciona*, o sea, un artefacto. En los fenómenos orgánicos, biológicos y culturales, los lazos tienen una existencia del mismo orden que las partes 'capturadas' por y para un funcionamiento global. En consecuencia, en todo proceso orgánico hay una articulación *bottom up/top down*.

Hacia el exilio de sí del ser humano

El fenómeno de la artefactualización, entonces, reside en el olvido, o mejor dicho, en la represión de la complejidad de lo vivo y de la cultura, que resulta en un 'alejamiento' del ser humano de sí mismo; o también podemos ponerlo así: una *pérdida de potencia*. Tomemos como ejemplo las nuevas pulseras de control médico. En el brazo del paciente, esas pulseras envían a través de un satélite una serie de informaciones sobre el estado de su metabolismo: la presión arterial, glucemia, porcentaje de moléculas de un medicamento en sangre, etc. Luego el satélite envía la información a un centro médico donde los artefactos evalúan, según modelos estandarizados, los datos que les proveen. La respuesta llega a la pulsera que el paciente porta en su brazo, indicándole si va bien, o por lo contrario, cómo hacerse cargo de 'su problema'. Esos circuitos tienen como primera consecuencia que la persona se desconecte de toda 'información no codificada' producida por los mecanismos propioceptivos, que llegan a la conciencia por transducción. La persona no

[3] Benasayag, Miguel et Gouyon, Pierre-Enrique, *Fabriquer le vivant? Ce que nous apprennent les sciences de la vie sur les défis de notre époque*, La Découverte, Paris, 2012. Comprender la complejidad de los fenómenos de lo vivo y de la cultura entraña la idea de que por debajo (o más allá) de la información codificada, existe un profundo y amplio sustrato de lo que podríamos denominar «información no codificada».

tiene 'noticias' de sí misma, porque en lugar de ajustarse a la posibilidad de tener acceso a las percepciones propioceptivas, la potencia informática codificada artefactual, las eclipsa.

Cuando nos ocupamos de manera más amplia de este fenómeno de obliteración de las dimensiones del ser, podemos recordar que el ADN considerado como no portador de código, hace mucho tiempo ha sido calificado por los biólogos de 'ADN basura'. Pero, vaya paradoja, se trata ¡llamativamente! de más del 98 % del ADN. Así, la mayor parte de los comportamientos animales y de las dimensiones de la cultura aparecen, en esta cartografía utilitarista, como inútiles, cuando no nefastos, simplemente porque no son comprensibles de manera utilitaria y transparente. Los cuerpos, las culturas, los ecosistemas, tanto como nuestro comportamiento cotidiano, ritmados por ritos no comprehensibles en términos utilitaristas, quedan del lado del 'sufrimiento', tanto en el sentido de esperar como en el de producir dolor.

En esta artefactualización creciente del mundo, que no tiene —hasta ahora— ningún mecanismo de regulación orgánica, lo vivo, incluido en este las formas culturales, se encuentra cada vez más *exiliado de sí mismo*. Si la Modernidad había exiliado al hombre de la naturaleza, con la pretensión de convertirlo en 'amo y señor' de la naturaleza, la Posmodernidad implica un fenómeno de captura global de lo vivo en beneficio de macro-organismos autonomizados, que funcionan según los principios de desregulación, que son propios de los artefactos. Desde el punto de vista del artefacto, ninguna regulación limitante de su potencia aparece como intrínsecamente necesaria, porque el artefacto funciona, por sobre todo, *contra* cualquier límite. Sin embargo, la autorregulación y la incorporación orgánica de la negatividad son condiciones fundamentales de la existencia humana, y esto explica por qué dos potencias de diferente naturaleza mal pueden coexistir.

Debemos aclarar que estamos lejos de la idea de que para los sufrimientos posmodernos habría cada vez más una vida de ficción, que reemplazaría a una supuesta 'vida real'. La vida capturada por el mundo de la informática codificada no es virtual: es muy real, pero se estructura de otra manera, es decir, de manera *opuesta* a la vida orgánica de tipo biológico o cultural. Como vimos, la posmodernidad deconstruye permanentemente los lazos de tipo orgánico: a través del tipo de modelización que aplica, lo que hace es reorganizar una vida que ha sido dislocada por las necesidades de los macroorganismos económicos (las multinacionales, el FMI, el Banco Mundial, etc.).

Sin embargo, esta reorganización deja de lado el sustrato más profundo del organismo. La información no codificada, el espacio infinito entre los puntos que corresponden, por ejemplo, a los procesos corporales de los ecosistemas o a las dimensiones inefables de la cultura, quedan doblemente ignoradas.

Desubjetivación y perfilado del humano

Desde un punto de vista psicológico, esta artefactualización de la vida tiene como consecuencia la *desubjetivación de la persona humana*. Sin llegar hasta la radicalidad hegeliana —eliminar la subjetividad de alguien destruye a la persona—, la delegación de funciones de lo vivo hacia el artefacto vacía de su interioridad al individuo de la modernidad. Los procesos de delegación de funciones no tienen nada de nuevo, más bien son propios de la evolución de la vida desde su aparición sobre la Tierra. En la coevolución de las especies y los ecosistemas, las especies delegan ciertas funciones a los otros para permitir evolucionar su propio organismo, al desarrollar nuevas funciones. Es el famoso ejemplo del ancestro del perro y los primeros humanoides. El hombre del futuro delegará (y perderá) funciones y capacidades olfativas, auditivas, y otras, porque el futuro 'perro' se ocupará. Y este delega-pierde funciones de control y de comprensión porque el hombre las asume.[4] Esta delegación permitió a cada una de las especies desarrollar nuevas funciones, y una de sus consecuencias es que no hay perro sin hombre ni hombre sin perro. Del mismo modo, las funciones propias de los humanos serán delegadas en la máquina, que, a su vez, los esculpirá a su imagen.

Vamos a tomar un ejemplo de la clínica *psi*. Jean, un paciente joven, veinteañero, combina con su terapeuta una sesión por semana, a un horario preciso. Ese terapeuta me hace partícipe, en el marco de una sesión de supervisión, de ausencias repetidas e imprevistas de Jean a su sesión. Cuando lo contacta para recordarle sus ausencias, Jean le dice, confundido, que la *app* 'agenda' de su teléfono móvil funciona mal desde hace algunas semanas. La edad de Jean es un dato fundamental en esto: es de una generación para la cual una reunión, despertarse y los horarios en general, son funciones de las cuales siempre se ha ocupado el aparato. Eso explica que con este colega no hayamos podido 'interpretar' sus ausencias como si tuvieran un significado

[4] Véase Guillo, Dominique, *Des chiens et des humains*, Le Pommier, Paris, 2009.

oculto o reprimido que expresara algo sobre el funcionamiento subjetivo de Jean. En un paciente de cincuenta años, tales ausencias estarían dando cuenta de una anomalía subjetiva a través de la cual se estaría expresando su singularidad. En el caso de Jean, la pérdida de subjetividad la transforma en un incómodo desperfecto de la máquina. Pérdida de subjetividad, o sea, pérdida de sentido. Pensemos también en otro ejemplo, como el de las calculadoras, que hacen que ningún alumno sepa los mecanismos de producción de una raíz cuadrada o de un algoritmo. La posibilidad de resolución de esas simples operaciones, no solo permiten crear una subjetividad interior, sino que formatean la anatomía misma de las conexiones cerebrales. Por ello, el alumno que obtiene los resultados con un artefacto es, al mismo tiempo, psicológicamente transformado por el artefacto.

El fenómeno posmoderno de desdoblamiento de la persona produce, asimismo, una suerte de '*falso self*' que hace del individuo un 'procesador de información' no esculpido por esa información, con lo que queda exterior a la misma. Podemos identificar este fenómeno en los procesos que van desde el individuo de la modernidad hacia el 'perfil' de la posmodernidad. Conocemos la inmensa empresa de recolección de lo que damos en llamar 'metadatos' a través de los que se construyen los perfiles de grupos-tipos. Los metadatos son todas las informaciones que dejamos, bajo la forma de huellas digitales no voluntarias, por el solo hecho de vivir en nuestra sociedad. Todo lo que se encuentra en Google, todas las palabras clave e informaciones que se publican 'voluntariamente' en Facebook y las demás redes sociales, así como las huellas de las compras realizadas con tarjeta de crédito, y los recorridos y lugares que se frecuentan —conocidos gracias a la geolocalización—, conforman las huellas con las cuales se construye un perfil, que determina no solo la individualidad de cada uno, sino el grupo al cual la persona fue 'asignada' por los robots informáticos.

Como señalan Hélène Molinari y Grégory Pascon, dos de los integrantes de la revista belga *C4*, ya no estamos en el Big Brother, sino que hemos pasado a Big Data: "Lo que se oculta tras ese concepto es que este tipo de gobernanza no se basa en el individuo y la vigilancia, sino en la trazabilidad y el *perfil*".[5] Mediante el muestreo algorítmicamente pautado, usando los datos, se trazan perfiles que convierten a cada uno de nosotros en un nodo estadístico, y una

[5] Molinari, Hélène et Pascon, Grégory, «Big Data, le gouvernement invisible», *C4*, nº 218, 2013.

vez que ese perfil queda definido, seremos tratados, requeridos y motivados en función de él. En la modelización por 'redondeo digital', es como que los elementos de la singularidad son robados a cada persona...

La pregunta ahora es saber en qué medida las psicoterapias existentes, y en particular las dos corrientes principales, psicoanálisis y conductismo, son capaces de aportar una respuesta a los desafíos subyacentes a los nuevos sufrimientos. Si manifiestamente las terapias conductistas no constituyen una resistencia a la artefactualización de lo vivo, sino que refuerzan su principio activo, ¿qué ocurre con el psicoanálisis? Con su fundamento en la concepción de estructuras territorializadas —lo que llamamos 'psicología profunda'—, este modo de terapia ya centenario ¿tiene las armas para resistir a la deconstrucción posmoderna? Su defensa de un supuesto sujeto del inconsciente (articulado con estructuras simbólicas) ¿le permite resistir al individualismo y a la normalización del mundo actual?

II

Las terapias psíquicas disponibles para el individuo posmoderno

4

El declive del psicoanálisis

En la actualidad el psicoanálisis tiene mala prensa, como lo demuestra el *Libro negro del psicoanálisis*, publicado en 2005. Este libro criticó la ineficacia del psicoanálisis, su falta de fundamentos científicos reales, el dogmatismo de sus seguidores, y hasta su 'religiosidad'. Como un eco de esas críticas, el psicoanálisis aparecía, de hecho, cada vez más fuera de moda, y los 'nuevos pacientes' se burlaban de lo que se ocultaría detrás de su sufrimiento, y buscaban sobre todo resultados rápidos; una terapia 'que sirva', performante, que los ayudara a lograr sus 'objetivos'. De ahí que cuando, a pesar de todo, consultan a un psicoanalista hablan sin ningún sentimiento trágico de su vida personal, sin ningún vínculo con la gran historia —suponiendo que tuvieran esa noción—.

No obstante, este declive del psicoanálisis es, como mínimo, ambiguo. ¿Se debe, como vimos, a que el individuo ha perdido progresivamente todos los lazos, se vacía de su interioridad para transformarse en ese 'recurso' para la economía que el sufrimiento vuelve 'inutilizable'? Dicho de otro modo, ¿se debe a la naturaleza de los nuevos sufrimientos *psi*? ¿O a que el psicoanálisis no ha sabido responder a los desafíos que le presentan estos sufrimientos? Y, en ese caso, ¿cómo explicar que a pesar suyo no haya podido hacerlo?

Miguel Benasayag

Psicoanálisis y sentido trágico

Comencemos por reconocer que la causa actual de rechazo del psicoanálisis no reside —por decirlo de algún modo— en sus deficiencias, sino en sus virtudes, en particular en lo que podríamos llamar la 'dimensión trágica' de la cura analítica. Por trágico entiendo el estar ligado al mundo, y con ello, afectado por él (ver el Capítulo 1). Hace algunos decenios, la persona que comenzaba un análisis, más o menos implícitamente, y al mismo tiempo de llevar sus problemas personales, se sentía partícipe de un devenir de emancipación común a otros millones de personas. El psicoanálisis participaba de los grandes relatos emancipadores de la modernidad. Así fue como el primer Freud, en *El porvenir de una ilusión* (1927) creía de buena fe que la humanidad del siglo XX podría —gracias a los avances de la Ilustración y la educación, asociados a la terapia analítica— devenir finalmente adulta y prescindir de creencias religiosas. Posteriormente, el 'freudomarxismo', esa combinación —ahora incomprensible—, de tratamiento individual y teoría revolucionaria, vino a reemplazar esta primera tentativa de iluminación "trágica" de la cura analítica. Encontrábamos en esas tentativas la famosa teoría hegeliana de la Historia según la cual los individuos, mientras se ocupan de sus asuntos y persiguen sus objetivos egoístas, sirven sin saberlo a un plan común. El paciente, al hablar de su vida personal y en la búsqueda de sanar personalmente, se sentía partícipe de un destino común de emancipación y de progreso de la razón.

En cambio, hoy, como vimos, la dimensión trágica es reemplazada por la de la 'gravedad', lo que significa que los individuos han perdido su capacidad de ser afectados de manera orgánica por alguna cosa que no les toque *directamente*: su universo se termina en los límites de su cuerpo. Cuando van a la consulta psi, hablan de su vida personal, de su familia, etc., sin el menor sentimiento ni deseo de tomar consciencia de las relaciones que pueda haber entre su relato y su época. Esto no significa que no las haya, porque *siempre* hay un *rapport*, pero la capacidad de *ser afectados por algo que no sea el yo*, y de vibrar al ritmo de la sociedad y de los acontecimientos históricos, las grandes esperanzas, los grandes relatos, está verdaderamente perdido. Entonces, no solo es capaz de vivir su sufrimiento como un fracaso, sino como un fallo estructural, ligado a la apertura de vida personal hacia la vida colectiva, la gran historia. Las quejas de las y los pacientes se resumen, así, en dos ejes comunes: "Doctor, vengo porque no consigo ser performante en el trabajo, no logro hacer gozar a mi mujer, no encuentro más placer sexual con mi marido, carezco de herramientas en el ámbito afectivo, etc.".

Dicho de otro modo, el 'nuevo paciente' no está preparado para la horrible perspectiva de pasar diez años en el diván hablando de manera incoherente de todo lo que le pasa por la cabeza con un profesional detrás de él, muy formado, pero a quien la adversidad de la vida habrá dejado mudo y que, sin embargo, se esforzará por emitir algunos sonidos, o que incluso, haciendo un gran esfuerzo, repetirá de vez en cuando las últimas palabras del paciente. Tampoco está dispuesto a escuchar si puede esperar una cura diez años después, y se le diga que no está ahí para "curarse", ¡qué grosero! ¡Es de una trascendencia que está mucho más allá de los pequeños síntomas del paciente, y tanto más trágica! El riesgo es que piensen que la única eficacia de una 'cura' se constate por la prosperidad económica del terapeuta...

Aunque no es la única razón, el desacople del psicoanálisis con la época —volveremos sobre esto más adelante— y a pesar suyo, es encontrarse reducido a ser apenas una 'técnica del bienestar' entre otras, en el primer escalafón de las llamadas de 'desarrollo personal', evaluada y comparada como en un supermercado. Las y los pacientes tendrán como objetivo de la sesión la eficacia para cumplir con las metas que se fijaron, sin tomarse el tiempo de cuestionárselo, y menos aún de relacionarlo con su época. ¡Qué pérdida de tiempo!... En verdad, la relación precio-calidad entre la eficacia del psicoanálisis en términos de 'bienestar incrementado' y el precio (como cantidad y duración) de las sesiones le parecerá de inmediato como 'poco atractivo'. Si se trata de resolver, por ejemplo, un problema de *coitus interruptus*, las terapias breves tienen más chances de ser consideradas como eficaces que un análisis prolongado para intentar habitar y comprender la relación de la persona con el mundo. Porque no se trata de que el psicoanálisis tenga vocación de rivalizar con las terapias que prometen un buen funcionamiento. Desde el punto de vista del analista, el individuo no 'funciona', sino que vive y piensa en un universo de símbolos que contextualizan su existencia y le dan, por eso mismo, sentido y sustancia. Las formas y el nivel de organización a los cuales hace referencia el psicoanálisis dan cuenta del sentido, de la subjetividad y de una intencionalidad compleja.

Miguel Benasayag

La incumplida participación del psicoanálisis en la deconstrucción del zócalo epistemológico de la modernidad occidental

La declinación actual del psicoanálisis, sin embargo, no es solo por su desacople con la época posmoderna, sino que se explica de manera mucho más profunda por el hecho que ha omitido uno de sus objetivos históricos, que es el de inscribir la psicoterapia en un relato verdaderamente trágico, el de una humanidad condenada a la negatividad, y a la repetición de los mismos errores. Este relato también coincide con la historia del siglo XX, de la que Freud toma conciencia cuando, luego de la Primera Guerra Mundial y la Revolución de Octubre, escribe en 1929 el libro siguiente a *El porvenir de una ilusión*, que es *El malestar en la cultura*. Su objetivo ha cambiado radicalmente: ya no predice un progreso racional de la humanidad, sino que constata una profunda crisis de la cultura e intenta analizar los elementos, entre los cuales hay uno que es que todo devenir cultural implica un "renunciamiento pulsional" de parte de sus miembros.

El psicoanálisis es, entonces, portador de una crítica radical, sea cual sea, del mito del progreso. A menudo citamos, en la historia de la filosofía, la "herida narcisista" que Freud usó para el individuo de la modernidad al descubrir las pulsiones y tropismos. Según la concepción cartesiana, este debía ser "dueño de sí mismo" o al menos aspirar a serlo; según Freud, "el yo no es el amo en su propia casa".[1] Es la marioneta de fuerzas que superan ampliamente su conciencia así como todo criterio 'moral'. Y entre esas fuerzas, las que reúne bajo el concepto de "pulsión de muerte", que significa —en sustancia— que los comportamientos humanos no serían explicados únicamente por la búsqueda de lo útil o lo placentero, sino también por los mecanismos pulsionales contradictorios, haciéndolo dar vueltas en círculos y caer en trampas.

Allí reconocemos la variante de una tesis filosófica vieja, de muchos siglos, que es la atadura del individuo a aquello que lo encadena. La aplicación de esta tesis a la clínica *psi* lleva a una verdadera bifurcación en su seno: habiendo partido de una visión del paciente como sufriendo de un déficit de comprensión, una buena parte de los psiquiatras y psicólogos modernos se

[1] Freud, Sigmund, «Une difficulté de la psychanalyse», en *Essais de psychanalyse appliquée*, Gallimard, Paris, 1971.

convertirán a la idea freudiana de que el paciente o la paciente 'goza' de su síntoma y que este goce no es soluble en la razón o la educación. Este 'descubrimiento' permitió al centro mismo de la historia del psicoanálisis un camino 'revolucionario', en el sentido en que reconoce que el ideal cartesiano de dominio no es posible, ni tampoco cualquier otro proyecto social de armonía eterna, porque hay, en el individuo, una discontinuidad entre el pensamiento racional y el motor pulsional, una *falla estructural*: somos portadores de niveles de conflictualidad no armonizables. De ahí el freudomarxismo, y de ahí, también, la inscripción posible del psicoanálisis en el movimiento histórico de deconstrucción del zócalo epistemológico del Occidente moderno, que comienza en torno a 1900 con el cuestionamiento a los paradigmas y arquetipos que dominaban hasta ese momento tanto en la física como en las matemáticas, en historia, en la pintura, la danza, la literatura, etc.

Entonces, con la perspectiva que da un siglo transcurrido, hay que admitir que el psicoanálisis globalmente ha incumplido con esa empresa de deconstrucción. Su destino revolucionario poco a poco se ha opacado, hasta desaparecer completamente. En esta época, nadie cree que al hablar de su vida personal en lo del psicólogo hable de su época; y, *a fortiori*, tampoco nadie piensa que podría enunciarse una negatividad sin solución como lo que después de todo, anima desde hace un tiempo el destino de los pueblos. Pero la pérdida del sentido trágico que fundaba las sesiones en lo del *psi* no se debe solamente a la aparición de la figura del 'hombre sin atributos', sino también a que el psicoanálisis, luego de haber criticado el mito del progreso al reconocer una multiplicidad compleja de fuerzas que impulsan al sujeto, se apresuró a apostar, nuevamente, en una reunificación ideológica del individuo.

Ese gesto de restauración ya está presente en Freud: tan pronto como descubrió la presencia de fuerzas desbordantes del yo y la conciencia, le puso nombre y lo englobó en el 'ello', una suerte de 'mochila' adosada al individuo de la modernidad, que salva de alguna forma, *in extremis*, su unidad. Con respecto a la "pulsión de muerte", el origen y la razón de los comportamientos de repetición que esta implica, serán muy rápidamente circunscriptos a los límites precisos de la historia individual. La posibilidad de abrir el 'sujeto' a lógicas no enteramente coherentes, porque son irreductibles al utilitarismo y/o al hedonismo, queda así encerrada en la creencia en la unidad de un "pequeño yo", y en la tentativa de racionalizar su comportamiento a través de la cura. A pesar de ser portador de una carga suplementaria, el individuo —hombre o mujer— se moverá con un poco de dificultad, pero esta carga será entendida como una responsabilidad 'personal'. Para los especialistas, será cuestión de detectar los signos que provienen del sótano: los sueños, las ocurrencias, los lapsus y otros 'actos fallidos' serán los nombres de esas transposiciones que permitan que la *otra* realidad psíquica sea leída y comprendida. El sol será el símbolo del Padre, la tierra el de la Madre, el patrón será representado por un árbol, la rebeldía remitirá a un "Edipo" mal resuelto, una úlcera será un mensaje en código que el psicoanalista deberá decodificar.

Esto me recuerda el caso de mi amiga Gaby. Tras conseguir un puesto importante, que implicaba responsabilidades intelectuales, su psicoanalista dedujo que la picazón de cabeza que la molestaba era un signo claro de su dificultad de asumirse como intelectual. Un mes después, un médico generalista sin pretensiones, le alertó sobre una invasión de pulgas en sus cabellos. Gaby, entonces, se rebeló no solo —y justificadamente— con dejar de subvencionar al charlatán, sino al explicarle en la siguiente sesión que le parecía que todos sus pacientes en las próximas semanas iban a tener problemas con su 'ser intelectual'... Muchos psicoanalistas juegan a ser decodificadores de las 'verdaderas' intenciones de sus pacientes, y que ellos no las saben. Además del peligro de este comportamiento, podemos ver allí la construcción de una verdadera barrera para salvar la figura del individuo: esta traducción solo refuerza el deseo narcisista de ser el centro de la existencia.

Sin embargo, debemos rendir homenaje a la renovación del pensamiento analítico que supuso Jacques Lacan, que constituye históricamente un esfuerzo por salvar al psicoanálisis de la trampa individual en la que había caído. El gesto lacaniano terminó capturado por el famoso 'giro lingüístico', para el cual 'todo es significante' sin ningún metadiscurso que establezca una diferencia. Un ejemplo paradigmático de esta 'restauración' del sentido a manos del psicoanálisis es esa invocación mágica a la cual, más allá de las polémicas entre escuelas, adhieren la mayor parte de los psi: el famoso 'como por casualidad', 'no por azar', etc. una alocución que debe pronunciarse con mucho misterio, cuestión que el paciente entienda que detrás de la racionalidad consciente hay otra realidad, entendible para los iniciados. En verdad, para ser víctima del 'casualmente' no hace falta hacerse arruinar por un psi: los analizados, amigos de analizados o lectores de literatura psi pueden, como los psicoanalistas más cotizados, evocar ante la persona el 'casualmente', en el sentido que el acto trivial (o grave) del que la persona habla es solo un fragmento del supuesto *verdadero significado*. Por ejemplo, el médico clínico te ha diagnosticado un tumor, te caíste de la escalera mientras pintabas el techo en la casa de tu madre, elegiste estudiar ingeniería, o tal vez amas a Los Beatles... o no los amas más. Siempre hay alguien cerca que te mira con desconfianza, como si te hiciera una especie de escáner espiritual, y te dice: 'Casualmente'. Ese 'casualmente' da cuenta de una coherencia global, un sentido omnipotente oculto tras la heterogeneidad de los hechos y los dichos. La evocación de un sentido oculto para la vida individual ocupa, entonces, el lugar del *sentido* del que se supone que la vida de los individuos extrae el suyo propio.

La trampa del dogmatismo

Si el psicoanálisis no hubiera caído en la trampa del dogmatismo, no habría fracasado en su deconstrucción. Las 'usinas a gas' psi, tan diferentes unas de las otras, podrían ser operativas si hubieran elegido actuar inspirándose en el famoso 'como si' kantiano.

Si Freud se hubiera limitado a la dimensión hipotética del inconsciente, a la idea de que todo es 'un como si', nuestros actos conscientes remitirían a causas psíquicas no conscientes. Si ante el sufrimiento psíquico el psicoanalista dijera "es como si todas las pulsiones reprimidas reaparecieran en los síntomas...". Si al aplicar su modelo de aparato psíquico dijera "Cuando yo utilizo ese modelo, funciona más o menos". Pero lejos de eso, la nomenclatura freudiana ha constituido, desde el comienzo, una trampa para la potencia crítica contenida en la hipótesis del inconciente: el propio Freud se vio impulsado a *creer* en la existencia (y por tanto, indemostrable) de esas causas, que había identificado como "ello", "superyó", "pulsión de muerte", etc. Y hoy en día, constatamos el dogmatismo casi religioso de las escuelas psicoanalíticas, que con lujo de detalles barrocos enseñan las sofisticaciones de la pulsión, o el delicado vínculo del yo con su imagen, y etc. En la religión, nadie imagina a un creyente católico diciendo 'es como si Dios existiera', o incluso 'imaginemos la hipótesis metafórica según la cual María era virgen'. Lo que dicen es "Dios existe, María era virgen". Mis colegas dicen lo mismo: "El inconsciente existe, la pulsión existe...", y así sucesivamente. De ahí, evidentemente, las polémicas entre escuelas psicoanalíticas. En lugar de funcionar como investigadores que comparten sus hipótesis a fin de avanzar en la investigación, los *psi* funcionan como creyentes que rechazan los dogmas de las otras religiones.

Miseria de una teorización que aspira a ser una jerarquía ontológica no cuestionable... No solamente carece de la dimensión de investigación que le es propia, sino que no hace otra cosa que referirse —más allá de las diferencias de contenido entre dogmas— a la existencia metafísica de un modelo universal, *sustancializado*, del dispositivo psíquico. Al respecto, los psicoanalistas piensan como si descubrieran un territorio llamado 'las Américas', que era desconocido para la cartografía, pero que *siempre estuvo ahí*: el inconsciente siempre estuvo ahí, existe bajo una forma universal, obedece a dinámicas presentes en todos lados, aun cuando las representaciones y los dogmas de las diferentes capillas 'psi' puedan presentar variantes. Si, en el pasado, la creencia humanista en un hombre universal había sido el zócalo sobre el cual el colonialismo legitimaba su existencia, podemos decir que el psicoanálisis no se quedó atrás definiendo, a su vez, una pretendida estructura psíquica universal.

Una anécdota dice mucho en ese sentido. Es la historia de Marie-Cécile y Edmond Ortigues, ella psicoanalista y él filósofo, quienes convencidos de la verdad de su fe, fueron a África a comienzos de la década de 1960. Esta pareja blanca quería mostrar que, a pesar de las evidentes diferencias entre las culturas animistas, no modernas y tribales y la de la burguesía austríaca del siglo XX, todos comparten una esencia inalterable: el 'Edipo'. La conclusión de su estudio de decenas de casos de psicoterapia de muchachos jóvenes en Dakar fue de un rigor científico total. Los pobres Ortigues no pudieron encontrar trazos de relaciones ni de comportamientos edípicos, pero de todos modos concluyeron que hay un 'Edipo africano'[2] usando un sofisma digno de un párroco de pueblo: ¡el Edipo tenía lugar con el tío del lado de la familia materna!

Cuando el psicoanalista fabrica al individuo

En lugar de participar en la deconstrucción de la figura del hombre de la modernidad, como su origen le hubiera llevado a hacer, el psicoanálisis

[2] Ortigues, Marie-Cécile et Edmond, *Œdipe africain*, Plon, Paris, 1966.

se puso rápidamente o, digamos, cíclicamente —aunque siempre culminó por volver a ese gesto de restauración— a 'fabricar al individuo'. Después de la superlativa crítica de Gilles Deleuze y Félix Guattari en *El Anti Edipo*,[3] esta paciente reconstrucción de la unidad en vía de desaparición, al mismo tiempo escalonada y totalmente ideológica, tomó por nombre 'edipización', un proceso por el cual el psicoanálisis hace un *formateo* del humano bajo la figura del individuo. Un proceso 'escalonado' porque la deconstrucción del hombre moderno es, ella misma, una evolución histórica inexorable, de la cual el "hombre sin atributos" de la posmodernidad es uno de sus principales frutos. Ese cometido de edipización del psicoanálisis, entonces, va a contracorriente de su época, y no es de extrañar que acabe siendo expulsada de ella. Pero por otro lado, esta empresa es parte de la ideología contemporánea, la de creer que solo existe el individuo, que solo cuenta su vida personal, aunque este individuo exista cada vez menos como una persona dotada de una interioridad, y cada vez más como un ensamble de módulos sin unidad, o sea, un 'perfil'. Tal vez sin querer, el psicoanálisis participó y participa ampliamente en construir una sociedad del tipo de una serie de individuos sin cualidades y atributos, porque carecen de lazos, sin raíces ni territorios, más allá de su propio ombligo.

El Anti Edipo presentó la crítica más certera, al mismo tiempo fundada y radical, del concepto del 'complejo de Edipo' como una "fábrica de individuos", que funciona como un embudo por donde desaparece cualquier conflicto, cualquier deseo y cualquier tropismo que desborde la vida individual, esa de los "sucios pequeños secretos". Por ejemplo, si alguien lucha contra su patrón y por la justicia social, el odiado patrón deviene 'papá' y la justicia social, 'mamá'. Con ese modelo, explican Deleuze y Guattari, las clases sociales, las tribus, los mares y las montañas, pasan a ser metáforas del padre, de la madre y del tío Roberto. Sin duda, es la cumbre del reduccionismo psicoanalítico: el universo, la literatura, las artes, solo tienen que relacionarse con "el sucio secretito" evocado por Deleuze...

Entre los múltiples ejemplos que reflejan ese embudo a través del cual el universo entero converge en el pequeño yo, podemos citar el sorprendente libro de un psicoanalista francés sobre el cine, publicado en 2013, que explica entre otras cosas interesantes, que cada filme es interpretado por cada uno

[3] Deleuze, Gilles et Guattari, Félix, *L'Anti-Œdipe*, op. cit.

en función de su historia personal, a la cual necesariamente remite.[4] La idea de que podemos dejar de pensar en nuestro ombligo e interesarnos por otra cosa durante (al menos) hora y media, era claramente ajena al autor de este libro. Y el paciente no lo querría... Desde esta óptica, el deseo no es interpretado como la expresión de una serie de tropismos que provienen de largos procesos, de la sociedad o de la cultura, por los que cada persona está atravesada y transportada, sino por una etología endógena al individuo. Y, de hecho, para los psicoterapeutas que, como en mi caso, cuestionan radicalmente el embudo disciplinario que hace remitir todo a la vida personal, la tarea es realmente difícil. Pero si bien es cierto que el paciente, formateado y normalizado por la cultura dominante —que permanece influenciada por la vulgata psicoanalítica—, se interesará con frecuencia por una película, un libro, una música o la lucha social, es porque ¡oh, milagro!, hallará que '*eso* habla de él'. Entre ese 'sujeto deseante' del psicoanálisis europeo y la 'psicología del yo' norteamericana, hay claras diferencias. Pero a fin de cuentas, en ambos casos, se tratará siempre de construir al individuo como el átomo último y verdadero de lo existente. Según mi opinión existe una sola excepción verificable a la edipización —la fabricación del individuo como centro de toda producción de sentido— que es el psicoanálisis surgido de la corriente fenomenológica, inspirada claramente en Jean-Paul Sartre y Ludwig Binswanger.[5] Para esa corriente, el deseo, lejos de ser interpretado como una serie de pequeñas historias personales asimilables a antojos, es un flujo de pasiones nacidas de la experiencia de vida en relación con los otros, en la inmersión en la rica diversidad de lo social, que conforma un destino que hace falta asumir, o de lo contrario se convertirá en una *fatalidad*. Ahí hay otra interpretación del Edipo, no personalizante. Pero es una corriente minoritaria.

Para la gran mayoría de los profesionales, en la práctica, el deseo solo puede venir del individuo aislado, vagamente asimilado a una pulsión sexual animal, un poco minúsculo, y totalmente contingente. Es lo que ilustra esta frase que usó un psicoanalista, docente de la Asociación psicoanalítica de Francia (que reúne a los freudianos ortodoxos), quien un día me explicó, luego de pasar una semana en un hotel de lujo en un congreso en Mónaco: "Estaba programado que nos alojáramos en una pensión chiquita y yo exigí

[4] Tisseron, Serge, *Un psy au cinéma*, Belin, Paris, 2013.

[5] Sartre, Jean-Paul, *L'Être et le Néant. Essai d'ontologie phénoménologique*, Gallimard, Paris, 1943; Binswanger Ludwig, *Introduction à l'analyse existentielle*, Minuit, Paris, 1971.

un hotel. Ves, ¡siempre tenemos razón de no ceder al *deseo*!". Para él, el afán anecdótico y sin profundidad de pasar algunos días rodeado de lujo mostraba la profundidad y complejidad de un 'deseo' que hay que satisfacer absolutamente, o arriesgarse a perderse...

No sin razón los psicoanalistas critican la paja del reduccionismo psicológico de los defensores de las terapias conductistas (ver al respecto el capítulo siguiente), pero no ven la viga en el propio ojo: su propio reduccionismo, que es la 'psicologización' de la vida. Entre miles de ejemplos que testimonian esto hay uno caricaturesco. Nos referimos a la aparición de un libro que tuvo cierto éxito en Argentina en la década de 1990, en el cual un psicoanalista explicaba en poco más de cien páginas los porqué y cómo escribía Jorge Luis Borges. Lleno de certezas, creía poder reducir la obra de este inmenso escritor a algunas hipótesis estúpidas sobre la vida afectiva del niño que había sido. Olvidé el nombre del autor, pero esa postura —analizar la obra de un creador a partir de su vida personal, pretendiendo reducir la complejidad de lo que expresa a algunas causas ridículas— es muy habitual entre los psicoanalistas. ¿Dónde reside la diferencia entre este tipo de explicación y la de los psicólogos cognitivistas, que afirman que la posibilidad de éxito en la vida afectiva para una mujer depende de su nivel de oxitocina (la pretendida 'hormona de la fidelidad y del amor') en sangre? Cuando no, afirmarán que toda pareja es disfuncionante, seguramente, debido a una elección fundada en un sesgo cognitivo. La realidad sería así, una y unívoca, y el paciente es quien se equivoca.

Las prácticas 'mágicas'

Una vez expuestos los dogmatismos *psi*, hay que analizar el aspecto 'mágico' del psicoanálisis, el único capaz de explicar ciertos rituales a los que consigue someter a sus seguidores. Ahí podemos ver otro factor de su incapacidad para hacer frente a los desafíos epocales. Pues aunque estos rituales logran mantener el sufrimiento dentro de ciertos límites, no estarían permitiendo a quienes se someten a ellos a transformarlo en potencia para actuar. ¿Cómo entender, por ejemplo, que se haya llegado al punto en que en la sala de espera de un psicoanalista, diez personas esperen su turno para tenderse en el diván durante algunos minutos, antes de pagar el equivalente de un tercio del Salario Mínimo? ¿Cómo comprender que el analista no debe, sobre todo, saludar a sus pacientes cuando los cruza en la calle, perpetuando así esos extraños escenarios en los que "mi psiquiatra" vive en una "otra dimensión"? ¿Cómo es que los intelectuales, los médicos, los antropólogos, los artistas, todas y todos en general muy críticos de las reglas sociales se contentan con un "¡ajá!" (o alguna otra onomatopeya propia de su la escuela) en cada sesión, mientras les hacen pagar caro, muy caro, esta parodia de interpretación?

Sobre este último punto, hay que recordar los escritos 'técnicos' de Freud, en los que explica, con un sorprendente cinismo, las razones por las cuales el paciente debe pagar caro las sesiones. He aquí una selección: para que le pueda regalar flores más seguido a su mujer; que no es tan grave si las clases populares no tienen acceso a la terapia a causa del precio (ellos sufren bastantes miserias materiales como para que además se les muestren sus miserias psicológicas); que es la prueba de la importancia que damos a la terapia, y así sucesivamente. En una ocasión, conté a unos psicoanalistas que por un año había atendido gratis a un joven paciente desocupado. Cuando su situación económica se reacomodó y dijo de pagar la "deuda", le dije que la había borrado, y que lo que haríamos es que continuaría pagando las sesiones desde ahí. Los cuatro psicoanalistas a quienes les referí esta anécdota gritaron como vírgenes asustadas: ¡acababan de escuchar el relato de una herejía y una transgresión mayúscula! Uno de ellos se calmó lo suficiente como para explicarme que había creado en el paciente una "deuda eterna" hacia mí... Ese mismo grupo de ilustres terapeutas, pero multiplicado por tres, no dijo ni pío cuando en otra ocasión conté la anécdota de ese psicoanalista parisino muy sociable que alquiló una *brasserie* chic para celebrar el día en que había recibido a *cien pacientes* durante la jornada. La respuesta indiferente y un poco soberbia de mi *test group* fue que no había nada que objetar: ¡solo mi izquierdismo o un Edipo mal resuelto podía justificar que, esta vez, fuera yo el ofuscado!

Entonces, cabe la pregunta, ¿cómo comprender todas esas prácticas que lejos de ser una excepción, fueron y son moneda corriente en la clínica psi? La única lectura que podemos tener, según mi parecer, es *antropológica*: más allá de las palabras, los diplomas y las teorías, lo que está en juego en la mayor parte de esas prácticas psi son resurgimientos adulterados de rituales sacrificiales no reconocidos como tales. Ese tipo de prácticas permiten canalizar en los pacientes una necesidad irracional, que pasa por el sacrificio de su tiempo, la obediencia, una actitud disciplinaria, la ofrenda hecha al terapeuta, etc. Pero esta canalización, como a menudo con las creencias religiosas, en vez de permitir desarrollar la potencia de actuar, reafirma su impotencia y dependencia.

Dos citas perdidas

Ahora, para concluir, la última razón de la incapacidad del psicoanálisis de ofrecer una respuesta adecuada frente a los desafíos de los nuevos sufrimientos *psi*: así como este, las terapias más o menos conexas han faltado a las dos citas a lo largo del siglo pasado, una con la historia social y la preocupación por la emancipación, la otra con la biología, y más recientemente, con la neurofisiología. Sin embargo, Freud abordó estas dos dimensiones en varias de sus obras. En *El porvenir de una ilusión* se lamenta de no poder adherir a la esperanza naciente a partir de la Revolución rusa. En *El malestar en la cultura* explica por qué el terapeuta en última instancia da la espalda a los grandes movimientos de la historia. En cuanto a la biología, Freud en múltiples ocasiones en *La interpretación de los sueños*, muestra su convicción de que un día la farmacopea estará en condiciones de curar las enfermedades psíquicas.[6]

Dicho esto, hay que reconocer que a pesar de raros y remarcables esfuerzos,[7] estas disciplinas han ignorado y menospreciado los hechos históricos y sociales. Se podrían dar mil ejemplos ilustrativos de esta postura teórica asumida, devenida acto de fe para los 'lacanianos', como para muchos 'freudianos' ortodoxos. Solo brindaré una experiencia vivida personalmente. En Argentina, tras el golpe de Estado de 1976, que ha sido el más feroz de la historia del país, numerosos grupos de estudios —sobre Marx, Althusser o Marcuse— se volcaron hacia la teoría lacaniana, que se convirtió en el terreno de juego para que los intelectuales más sofisticados se pregunten sobre cosas tan complejas que no les permitieron escuchar los gritos de los torturados y desaparecidos... En febrero de 1982, seis años después de instalada la dictadura, la Fundación del campo freudiano, la escuela lacaniana dirigida por Jacques-Alain Miller, desconociendo evidentemente que un año más tarde la dictadura caería, creyó oportuno organizar en 1984 un encuentro internacional de psicoanálisis en Buenos Aires. Llegado yo a Francia tres años antes,

[6] Freud, Sigmund, *L'Interprétation des rêves*, PUF, Paris, 1971.

[7] Entre esas corrientes freudo-marxistas, en especial Wilhelm Reich.

luego de años de prisión y sufriendo todavía las secuelas de la tortura, publiqué en el diario *Le Monde* un artículo pidiendo a mis 'colegas' de no apoyar la dictadura que organizaba este encuentro.[8] Unos cuantos años después, en ocasión de un programa de radio, pude saber por qué Jacques-Alain Miller no me había prestado atención: él tenía "¡muchos amigos argentinos!".

La segunda cita perdida del psicoanálisis fue con la biología, en particular con la neurofisiología. Descubiertos a comienzos de los años 1950 por Enrique Laborit y su equipo francés, los medicamentos 'neurolépticos' fueron vilipendiados por la mayoría de los psicoanalistas, incluso considerando que marcaban una verdadera revolución en el tratamiento de varias 'enfermedades mentales', porque liberaban a millares de las camisas de fuerza y los brutales tratamientos de electroshock, cura insulínica, y varios otros. Todas las escuelas al unísono, con un desprecio aristocrático, criticaron lo que llamaron "el chaleco de fuerzas químico". Si bien una parte de los psicoanalistas finalmente aceptó articular la cura con la palabra y las moléculas, muchos otros mantuvieron una fuerte desconfianza *vis-à-vis* los fármacos psicotrópicos, sospechados de eclipsar las profundas razones subjetivas ocultas en los síntomas. En tanto, los trabajos realizados por investigadores en biología molecular, genética, neurofisiología y ciencias cognitivas condujeron, a partir de la década de 1990, a extraordinarios avances en la comprensión de los mecanismos mentales y sus patologías.[9] Es notorio cómo las imágenes cerebrales han permitido observar por primera vez el funcionamiento de un cerebro vivo. Y que junto con los avances en genética, la bioquímica del cerebro ha cambiado radicalmente el enfoque de las psicosis o del autismo, aun cuando esas 'ciencias de la vida', por sí solas, nunca podrán desvelar todos los misterios de los sufrimientos psíquicos.

Sin embargo, ¿cuál fue la reacción de los terapeutas psi frente a esas puertas que se abrieron? Una vez más, la reacción religiosa, la 'inquisición' frente a las herejías. Saber cuáles son los neurotransmisores que intervienen en la bioquímica del amor o de la depresión, qué regiones del cerebro participan

---

[8] Benasayag, Miguel, «Aller à Buenos Aires?», *Le Monde*, 15 avril 1982- ver en línea: https://www.lemonde.fr/archives/article/1982/04/15/aller-a-buenos-aires_2902783_1819218.html

[9] Véase, por ejemplo: Berthoz, Alain, *La Construction du cerveau*, Hachette, Paris, 1989; Sachs, Olivier, *L'Homme qui prenait sa femme pour un chapeau*, Seuil, Paris, 1992; Stephen GOULD, *La Vie est belle. Les surprises de l'évolution*, Seuil, Paris, 1995; Damasio, Antonio, *L'Erreur de Descartes. La raison des émotions*, Odile Jacob, Paris, 1995; Dehaene, Stanislas, *La Bosse des maths*, Odile Jacob, Paris, 1995; Berthoz, Alain, *Le Sens du mouvement*, Odile Jacob, Paris, 2008.

en la producción del pensamiento reflexivo y la memoria, o, incluso, cómo la amígdala controla los afectos, todo eso fue tomado por nuestras 'Preciosas ridículas'[10] como una ofensa. En una profesión dualista, de hecho, oscurantista, los 'queridos colegas' han proclamado que las nobles dimensiones abstractas del espíritu no tenían nada que aprender ni preguntar a esos descubrimientos relacionados con las bases contingentes del cuerpo.

Los *cuerpos* estaban de regreso. Acababa un siglo de dualismo espiritualista psi, pero esa derrota no fue registrada por la mayoría de los psicoanalistas, lo que abrió un camino concreto a las actuales triunfantes terapias cognitivo-conductistas (TCC), o 'modulares', aparentemente mucho mejor adaptadas a tratar los nuevos sufrimientos psíquicos de la época posmoderna. Y entonces, como veremos, aunque sus ambiciones terapéuticas son menos metafísicas y más pragmáticas que las del psicoanálisis, comparten con este la misma impotencia de comprender los resortes profundos del malestar de nuestros contemporáneos... y a ayudarlos a liberarse.

[10] Refiere a la comedia satírica de Jean-Baptiste Poquelin, llamado Molière, *Las preciosas ridículas*, en la que dos damas tratan de imponer en los ambientes aristocráticos un lenguaje exquisito (NdeT).

5

Atolladeros y peligros de las terapias conductistas y 'alternativas'

El declive del psicoanálisis ha estado acompañado, lógicamente, de un desarrollo exponencial de los nuevos métodos para paliar el creciente malestar psíquico, y en los primeros lugares están las famosas TCC, aunque no son las únicas y volveremos sobre el tema. El asombroso éxito de las terapias comportamentales no se debe a descubrimientos que les permitan abordar las problemáticas clásicas, sino a que proveen los tratamientos *apropiados* a la persona 'modular', al hombre y la mujer de esta posmodernidad. El 'hombre posmoderno' es un modo de definir al nuevo dispositivo humano que no se piensa ni se estructura como un todo *orgánico*, sino como un *agregado*: una construcción pretendidamente encaminada a vivir sin límites. Por ello, las nuevas terapias son apropiadas a esta ilusión de 'aumentación' del humano, una mezcla paradojal entre la potencia increíble de la técnica y la cada vez mayor impotencia del hombre, de la cultura y de lo vivo, en general. También las hemos llamado 'terapias modulares' o 'moleculares' a aquellas que privilegian recurrir a las moléculas químicas.

De un reduccionismo a otro

Hemos mencionado el reduccionismo psicoanalítico que consiste en reducir la complejidad humana a pequeños conflictos psicológicos, mayormente producto de la invención de terapeutas poco rigurosos. Dicho esto, no significa que las terapias 'modulares' dejen completamente atrás aquellas prácticas para ir hacia el punto de vista orgánico y complejo del fenómeno humano, sino hacia un reduccionismo fisicalista que niega la existencia de formas orgánicas no explicables por la simple suma de sus partes. Por caso, la biología no habla más de 'vida', sino que se contenta de analizar los 'mecanismos' propios de los seres vivos, como si dieran cuenta de las formas modelizables de sus partes físicas. Sobre esta biología se asientan las TCC, asociadas al consumo de medicamentos psicotrópicos.

Ese reduccionismo fisicalista es una tendencia fuerte de la época. Como expuso René Thom, la tecnociencia contemporánea ha renunciado a la posibilidad de 'comprender', al privilegiar la cuasi-ilusión de la 'predicción'.[1] Incluso si la complejidad propia de lo vivo hace imposible cualquier predicción a mediano plazo,[2] la prioridad dada a la posibilidad de predecir promete un verdadero paradigma dislocado donde los procesos y los artefactos sean funcionantes o disfuncionantes. La comprensión ya no es posible, porque no hay más un mundo estructurado por formas y sentidos, y, sobre todo, porque siendo ella misma el producto de la actividad de formas dinámicas orgánicas estructuradas, la propia comprensión *desaparece como tal*. Son los sujetos capaces de comprender, de *producir sentido*, los que se dislocan. Fundado en la desestructuración de todos los registros del fenómeno humano, el fisicalismo propone una batería de modelizaciones que pretenden incluir cada vez más los comportamientos humanos —el credo central de las nuevas terapias sería que podríamos recopilar y modelizar *toda la información* que constituye a un ser humano—.

Una de las críticas más rigurosas a este reduccionismo, en tanto que revela la mayor falla del proceso de modelización y dislocación del humano, fue elaborada —con su genio potente pero discreto— por el epistemólogo Giuseppe Longo, de quien hablamos en el Capítulo 3. Según Longo, toda modelización hace una 'captura' de puntos salientes del fenómeno a modelizar, actuando como si la realidad estuviera constituida por formas marcadas por líneas de puntos. Entonces, dice él, "toda medida es una medida de un intervalo, y no de un punto",[3] y por ello, considerar *un intervalo* —infinito en potencia— *como un punto*, lleva a lo que él denomina "redondeo digital". En esos procesos

[1] Thom, René, *Prédire n'est pas expliquer*, Flammarion, Paris, 1993.

[2] Bailly, Francis et Longo, Giuseppe, *Mathématiques et sciences de la nature. La singularité physique du vivant*, Hermann, Paris, 2006.

[3] Longo, Giuseppe, «Géométrie et cognition», *loc. cit.*

complejos, que integran funcionamientos múltiples e integrados, la captura carece de las variables no locales así como de los tropismos de integración al sistema. Cuando el terapeuta *psi* de las 'nuevas terapias', lleno de buena voluntad, intenta liberar al paciente de un comportamiento fóbico, la propia idea de 'comportamiento fóbico' no está correspondiendo a una realidad *en sí*, sino a un recorte de la realidad, a una taxonomía marcada por la época y la cultura, que le permite aislar un conjunto complejo e integrado que es el paciente: una serie de elementos de su comportamiento que él denomina 'fobia' y a la cual aborda puntualmente. Sin embargo, como los propios cognitivistas saben, el muy alto nivel de integración cerebral hace de ese recorte una ficción. La acción terapéutica puede muy bien inhibir o modificar ciertos rasgos del comportamiento, sin que logremos tener una idea —o tenerla demasiado tarde— de lo que globalmente sucedió.

El ideal constructivista implícito en las nuevas terapias es evidente en las investigaciones del científico y médico argentino-brasileño Iván Izquierdo, mundialmente famoso, quien ha trabajado desde los años de 1980 en Brasil sobre las moléculas capaces de modificar o borrar los recuerdos dolorosos o traumatizantes. Para los cognitivistas —y otros conductistas— todo es como si las desafortunadas conexiones entre dos recuerdos contradictorios, complicados o dolorosos fueran el origen de los síntomas y las patologías psíquicas. El 'ser humano' sería una superficie lisa de la cual podrían eliminarse ciertos malos recuerdos para que den paso a nuevos aprendizajes. Ahí reconocemos el modelo descrito por Angélique del Rey, a propósito de la pedagogía de las competencias[4]: se trata de aprender a aprender, y a olvidar lo que hemos aprendido para ser lo más reactivo posible al mundo exterior. El "hombre de las competencias" —"hombre sin cualidades o habilidades", u "hombre modular"— no tiene interioridad, ni historia: su personalidad no está forjada por sus propias experiencias. Tiene, y *debe tener*, habilidades propias de un procesador informático o una computadora. Y en el caso en que no pueda ser como debe ser, las nuevas terapias le prometen intentar borrar todos los tropismos que, claro, vienen de una muy sospechosa interioridad, le impiden adaptarse, ser flexible, eliminar su endoesqueleto, y así moldearse mejor al exoesqueleto obediente a las leyes de mercado.

[4] Del Rey, Angélique, *À l'école des compétences. De l'éducation à la fabrique de l'élève performant*, La Découverte, Paris, 2013.

La dislocación de lo humano, inscrita en el dispositivo normativo del *DSM*

Una de las características de los modos de dominación política propios de las sociedades modernas y posmodernas, que Michel Foucault había definido como "biopoder",[5] reside en esa actitud de considerar que la realidad en su conjunto es reducible a una serie de funcionamientos agenciados sin jerarquía, ni centralidad ni interioridad. En ese dispositivo, la modelización estadística ocupa un lugar central y crea sus propios aparatos de medición, sus propios diagnósticos, y sus propios 'tratamientos'.[6] Así, el campo *psi* —y la psiquiatría en particular— ha sido desde hace mucho uno de los espacios más evidentes de experimentación para ese tipo de diagnósticos, tratamientos y terapias funcionantes, gracias a la puesta en marcha de grillas normalizadas.

Como decíamos anteriormente (ver Capítulo 1), el famoso *Manual Diagnóstico y Estadístico de los trastornos mentales* (DSM) creado en 1952 por la Sociedad Americana de Psiquiatría —en su versión inicial el *DSM 1* hasta el *DSM 5* del año 2013—, se ha convertido en una autoridad mundial; deconstruye al ser humano identificando comportamientos y síntomas mediante grillas diagnósticas.[7] Se trata de una 'dislocación' en el sentido en que estas grillas producen una doble ausencia; en primer lugar, el paciente no es atendido en tanto que persona compleja y múltiple, con sus pliegues y repliegues. El síntoma existe en una red de significados. En segundo lugar, y en simultáneo que desconsideramos al paciente, no podemos evitar la ausencia del terapeuta, porque no es considerado como una persona con su historia, su subjetividad y sus redes de sentido, sino apenas como el técnico que registra 'objetivamente' los datos 'objetivos'.

En realidad, visto lo arbitrario y abstracto del método del *DSM*, es imposible cualquier objetividad. Creyendo eliminar las incómodas subjetividades para ir 'directo al grano', impide cualquier posibilidad de llegar a un punto de concreción, porque en el trabajo clínico, el encontrar y acoger, la posibili-

[5] Foucault, Michel, *Histoire de la sexualité, vol. 1, La Volonté de savoir*, Gallimard, Paris, 1976.

[6] Véase Desrosières, Alain, *La Politique des grands nombres. Histoire de la raison statistique*, La Découverte, Paris, 1993.

[7] Para una interesante crítica al *DSM*, véase el «manifiesto» publicado en 2012 en el sitio del colectivo internacional Stop DSM, de psiquiatras, psicoanalistas y profesionales de la salud pública. https://www.xpsicopedagogia.com.ar/campana-internacional-stop-dsm.html - Campaña Internacional STOP DSM.

dad de producir una cierta objetividad depende justamente de abandonar toda grilla por parte del terapeuta, quien debe evitar dejarse obnubilar por el síntoma que presenta el paciente. Explicar, lejos de designar la operación de una comprensión exterior al síntoma, concierne ante todo al desarrollo del síntoma en sí mismo y en la vida.

Por lo tanto, cuando los técnicos de lo psi explican haber 'hallado' el 'neuromediador del amor', la 'red neuronal de la afectividad' o el 'centro subcortical de los afectos', o que ciertos haces de neuronas se 'especializan' en tal y cual función, y conducen a la formulación de nuevas terapias *psi*, en verdad son marionetas de las tendencias dominantes de la época. Solo como una adhesión metafísica a un fisicalismo que ignore cualquier nivel de organización jerárquica y formal pueden creer que la alquimia del amor y la neurofisiología de la inteligencia habrían permitido revelar la imagen compleja del hombre global —irreductiblemente inscrita en lo social—, pero que a la vista de ellos no sería más que un disfraz que esconde una serie de funcionamientos mucho más simples. En esta metafísica, la 'vida' no existe, solo actúan los 'mecanismos vivientes'. Para esos técnicos de lo psi, solo deben tratarse los síntomas dislocados, sin tener en cuenta la forma orgánica que pueda integrarla.

Mientras que ellos reprochan al psicoanálisis su idealismo, los seguidores de la psicoterapia modular no son, por ello, materialistas, o lo son de una forma metafísica... Cuando se oponen al psicoanálisis, estamos ante dos metafísicas idealistas que siguen, de hecho, la tradición de una disputa que viene de lejos. Los defensores del cerebro-modular adoran al dios *Información*. En su credo, todo es información, información de la información, y así sucesivamente. Enfrente, están los eternos defensores del *alma*... Pero, sin embargo, hay diferencias entre estas dos metafísicas. El psicoanálisis corresponde al dispositivo que cree en el Hombre. Esta figura, que se coloca como sujeto frente a una naturaleza mecánica (objeto), está —inevitablemente— *solo* en el mundo, porque se supone que no hay un otro para el Hombre. Por dondequiera que el Hombre pose su mirada lo único que ve son huellas de sí mismo. Se trata de una metafísica, porque la especie humana ha evolucionado, en realidad, en relación con las otras especies y su entorno. Por el contrario, el psicoanálisis reconoce —como parte de su dispositivo de creencias— que todo organismo tiene una *interioridad* y una *intencionalidad*. Y el dispositivo posmoderno del hombre dislocado rechaza esas dimensiones de lo orgánico.

Desde su punto de vista, el hombre no está *solo*: es un conjunto heterogéneo de funcionamientos que se supone operan unos con los otros. La psicoterapia modular niega que todo hombre —y de hecho, todo organismo— tenga una *interioridad* producto de la transmisión, del largo plazo, de la evolución y de una *intencionalidad* con comportamientos propios, no adaptativos, pero que participan en los procesos de coevolución.

Como hemos visto, las sucesivas versiones del catálogo de 'trastornos mentales' establecidos por la Sociedad Americana de Psiquiatría y su *DSM*, no cejan en su esfuerzo por etiquetar la mayor cantidad de comportamientos identificables en la persona humana. En aquel *DSM 1* del año 1952, el concepto "duelo patológico" prácticamente no ocupaba ningún lugar, o para decirlo mejor, no estaba cuantificado por una medición pretendidamente objetiva. Pero con las revisiones del manual diagnóstico, se fue ajustando hasta que en el *DSM 5* del año 2013 se colocaron exactamente cuántos días exceden la "tristeza normal" que resulta en un duelo "patológico". También hay una tabla de 'importancia' de la pérdida, lo que les permite calcular los días de tristeza 'necesaria' o 'normal': así, consideran que no es normal llorar al padre más de diez días, y esos diez días son completamente excesivos para llorar a un tío. El duelo, y la tristeza que va con él, corresponde a un momento desgraciado, pero necesario para la "reprogramación" del aparato psíquico del paciente. Del mismo modo, en el *DSM 5* aparecen nuevos síntomas enumerados como la hiperfagia leve (no identificable con la bulimia), correlacionada con momentos de angustia. Luego de estudios serios, nuestros 'genios' del diagnóstico se dieron cuenta de que muchas personas tenían la tendencia a comer más cuando estaban angustiados, salvo en los casos contrarios... Nada debe escapar a la lupa y la sagacidad del clínico. ¡Nada! El sueño de una suma que contiene todas las partes, la enciclopedia de todas las enciclopedias, o sea, el *DSM*, contendría incluso los síntomas del psiquiatra que usa el *DSM*, el síntoma que antes se llamaba "miedo a la vida" o "deseo mórbido de control".

La tristeza es una etapa demasiado compleja para ser interpretada como un simple síntoma, e incluso como un 'comportamiento'. En el desinvestimento de la vida que implica, podemos 'diagnosticar' una suerte de espiral descendente en la cadena de producción de significados. La tristeza nos coloca ante un conocimiento y un objeto que se presentan como únicos y unívocos: nada "rebota" —por así decirlo— en el objeto de la tristeza. Y por eso, tratarla como un síntoma unívoco condena al paciente a una actitud de pasividad patológica. En las terapias orientadas por el sistema *DSM*, el paciente es 'informado', en su pasividad e impotencia, de los síntomas que porta, de alguna manera a pesar suyo. Se está proponiendo una instancia abstracta e inexistente, a un supuesto yo de un paciente oculto detrás de síntomas inopinados, para aliviarle sus 'molestias'. La tristeza, las dificultades de la vida, las marcas que han esculpido su singularidad, se vuelven competencias, partes, módulos, que ya no son un modo de ser-en-el-mundo, sino puros funcionamientos abstractos que el 'yo' imaginado por el terapeuta habría, de algún modo, infelizmente, "descubierto".

Ahí reside el núcleo metafísico de estas terapias supuestamente objetivas y 'materialistas': se dirigen a una entidad que, desprovista de toda marca de singularidad, tendría por único y trascendental interés ser funcionante y adaptada a las reglas de la sociedad. Por eso, cuando un terapeuta adepto a las terapias modulares recibe, digamos, a un alcohólico, considera al alcoholismo como un módulo negativo a eliminar. Lo que queda por saber es ¿a quién se dirige este terapeuta, cuál sería ese 'ser' que estaría detrás del alcoholismo del paciente? Dos soluciones: o bien el terapeuta 'modular' sigue un poco atravesado por el humanismo y piensa que detrás de los 'síntomas' hay un ser 'normal' pero abochornado por comportamientos patológicos. Y entonces no duda ni un instante que este ser 'normal' desea ser liberado del *módulo alcoholismo* para adquirir, digamos, el de la *práctica deportiva* —en un universalismo de supermercado donde él considera que es más que normal querer enriquecerse, estar sano, tener reconocimiento social, etc.—. O bien el terapeuta modular es un poco más 'evolucionado' y considera que, como él mismo, el paciente no es más que un conjunto disperso de funcionamientos que deben agenciarse con otros, sean la empresa, los vecinos, la policía, y así sucesivamente. Para eso, hace falta adaptar esos módulos a fin de adquirir los otros, más funcionantes. En este último caso, el funcionamiento ya ni siquiera es el módulo de alguien, sino un funcionamiento autónomo articulado con otros funcionamientos autónomos.

Para comprenderlo, podemos tomar el ejemplo del desarrollo de los *Think Tanks*, centros de investigación o 'laboratorios de ideas' que se pusieron muy de moda: tomando el modelo cibernético de sistemas multi-agentes, podemos juntar no a personas, sino a portadores de la función 'pensar' conocidos por su capacidad de producir ideas. Desde esta óptica, las ideas no van a surgir de los cuerpos integrados —y estos, emergentes de historias singulares—, sino de 'funciones' puestas en 'red'. Este olvido del cuerpo, este rechazo de la historia, apunta a eliminar la vida orgánica como escultura producida por un largo plazo (*longue durée*) y la coadaptación, y reemplazarla por la metafísica de los circuitos informáticos. El punto de vista técnico tiene en cuenta la dimensión de los 'posibles' teóricos, sin comprender la dimensión biológica y cultural de las 'composibilidades', es decir, los posibles compatibles con la realidad.

La eficacia y los errores de las terapias modulares

La auto-organización de la materia se manifiesta a través de formas jerárquicas distintivas, que no son apilables unas sobre otras, algo decisivo que debe ser explicitado. Por un lado, el desarrollo de los conocimientos sobre la 'química del cerebro' —en la que se asientan las 'terapias moleculares'— es eminentemente deseable porque eso permite a la industria farmacéutica producir moléculas capaces de actuar sobre esta química. Por el otro, no podemos ser inocentes; esta industria impulsa, de las formas más diversas, el consumo y superconsumo de medicación psicotrópica. Desde su aparición, sus tentáculos enturbian el campo de la investigación clínica y terapéutica creando niveles de confusión e ignorancia, e incluso descartando otras formas de tratamiento, bajo el reinado de la medicalización de la vida.[8] Es por eso que la industria farmacéutica y sus lobbies constituyen un grave problema para la salud pública.

Pero otro problema ya no ligado apenas a sus estrategias, es que esta investigación de las moléculas procura ignorar los diversos niveles de organización de la materia, que no son reductibles unos a los otros. Un ejemplo al respecto es que con la misma lógica que los defensores de la 'teoría de la emergencia' gustan pensar la interacción azarosa, los movimientos brownianos de las partículas simples que componen un sustrato hacen emerger los niveles complejos 'no programados'. La respuesta a esta hipótesis está dada por la fábula de Borges donde cuenta que podríamos dar una máquina de escribir a un mono inmortal, pero no habría escrito ni un capítulo de *El Quijote* ni en toda la eternidad. Porque se trata de dos niveles de organización diferentes:

[8] Véase, por ejemplo: Pignarre, Philippe, *Comment la dépression est devenue une épidémie*, La Découverte, Paris, 2001; *Les Malheurs des psys. Psychotropes et médicalisation du social*, La Découverte, Paris, 2006.

El Quijote no explica la naturaleza del alfabeto, como las letras no explican la genialidad de *El Quijote*. Entre cada nivel de organización existe lo que podemos llamar una 'barrera transductiva estocástica'.

La *transducción* significa que entre dos sistemas de funcionamiento autónomo y autorreferenciado, los *estímulos* interactúan: cada uno de los sistemas es afectado por el otro, pero lo que los estímulos producen depende del funcionamiento propio de cada sistema, pues 'transducción' no es 'traducción'. Por ejemplo, es inevitable que una afección somática como una úlcera 'afecte' el aparato psíquico afectivo y simbólico. Esta 'afección' no tendrá nada que ver con el funcionamiento propio del aparato psíquico: no es una 'traducción'. Conocemos demasiado esa peligrosa estupidez de los terapeutas psi que interpretan una úlcera como un mensaje cargado de sentido originado (y destinado) a las instancias simbólicas. Una úlcera es una úlcera, y eso es todo. La *psiquis* no explica el *soma*, y viceversa; la relación entre estos dos niveles es transductiva. Esa barrera, además, no es solo transductiva, sino también *estocástica* (no determinista). Para un mismo estímulo del sistema *A* puede haber diferentes reacciones del sistema *B*. Hay un elemento no predecible y aleatorio.

Esta explicación es necesaria para comprender que el descubrimiento de moléculas capaces de intervenir en la química del cerebro no debe servir de excusa para minimizar los mecanismos psicológicos reduciéndolos a procesos químicos. La utilización de medicación psicotrópica es conveniente, a condición de no barrer a través de su uso con el registro psicológico, afectivo y simbólico, en nombre de una eficacia mecánica. Cuando hablamos de la medicalización de la vida, en particular de la farmacopea aplicada a la química del cerebro, el problema de fondo es la supresión de todo dispositivo orgánico que, en tanto posesor de una interioridad e intencionalidad, puede producir una acción, y esto en beneficio de una visión mecanicista que solo toma en cuenta movimientos más o menos simples

Las concepciones dominantes de la química del cerebro y de la terapia molecular se erigen, así, como si el conjunto de la vida psíquica no mostrara más que movimientos mecánicos explicables, sin que haya lugar para una *acción* producida por un organismo, por una singularidad. Pero ¿qué sería una acción? ¿Puedo decir, por ejemplo, que el peso de mi cuerpo sobre una silla es una acción? Y acaso si al subir al tren cargando una gran valija uno golpea a un pasajero y le dice "disculpe, no es mi culpa". ¿Esa es una acción o un movimiento? De hecho, es difícil distinguir una acción de un movimiento. En el mundo inerte, la caída de una piedra provocada por la descongelación de una roca helada no puede identificarse con acción alguna, y en ese caso parece sencillo comprender que se trata de un movimiento y no de un acto. Por el contrario, en el mundo de la vida, las cosas son mucho menos evidentes: ¿podemos decir, por ejemplo, que la araña 'teje su tela'? Desde un punto de vista biológico, no es cierto. Diríamos que la araña y su tela son un conjunto inseparable. Siguiendo la diferencia establecida por Leibniz entre lo que es posible en teoría y lo que es "composible" en la práctica, podemos decir que para que haya un acto es preciso pasar de un análisis de posibles a un análisis de composibles. Un acto es aquel que, siendo todo posible, podría no ser composible (ocurrir, o no). Todavía hace falta que esta composibilidad (sobre un conjunto de posibles) tenga un grado de indeterminación suficiente para que un operador —sea un sujeto o una singularidad— tenga esa doble posibilidad. Todavía estamos en el campo de la etología. Entonces, la gran pregunta es ¿qué mueve a un ser humano? Y entre los tropismos "no negociables", ¿hay o no una instancia de singularidad no adaptativa, no funcionante, que motiva el acto?

Es por eso que la terapia molecular, que, reiteramos, es un avance fantástico para la medicina, deviene potencialmente iatrógena (es decir, peligrosa) cuando queda asociada a una visión que torna mecánicos los estados psíquicos del paciente. Que quede claro: es propio de la técnica —y la farmacología no es una excepción— estudiar y actuar sobre los posibles. El problema de la terapia "exclusivamente" molecular es que actúa sobre el registro mecánico de los posibles, borrando la complejidad del acto, el cual no es reducible al movimiento. Ejemplo de esto es que los partidarios del *DSM* y de la terapia molecular, prontos a ver patologías en la más mínima desviación de lo "normal", tienen dificultades para comprender que en un contexto complejo y singular, un duelo interminable, como el que podría resultar de la muerte de una persona muy cercana por suicidio o debido a un acto de violencia, puede ser, de hecho, un acto libre, testimonio de la buena "salud mental" del sujeto.

Conductismo: la ilusión del "hombre transparente"

En la misma línea de pensamiento, la llamada terapia comportamental o conductista toma como premisa una serie de comportamientos modelizados que, supuestamente, corresponden o no a lo que será considerado como sano o beneficioso para la persona. El conductismo nunca está libre de la ilusión reduccionista de que las personas humanas siguen obligatoriamente lo que representa su bien o su interés, a no ser que se equivoque o sea un error de aprendizaje. No hay lugar allí para una integración orgánica de la negatividad.

El hombre del conductismo debe ser "transparente" para sí y para los demás. El comportamiento positivo será evaluado desde su exterioridad, y ahí, precisamente, reside el problema. Sin embargo, como sostenía el filósofo Georges Canguilhem, un hombre sano no se conforma con mantener su estado, sino que siempre buscará "seguir su naturaleza",[9] o dicho de otro modo, desplegar su singularidad, su relación con el mundo. Sin olvidar que este actuar-en-el-devenir-siguiendo-sus tropismos y afinidades es a riesgo de desestabilizar el sujeto. Para Canguilhem, si asociamos 'salud' con "desplegar su singularidad", nada nos permite afirmar que los actos de una persona deben proceder de lo que, vagamente, llamamos "al servicio de lo útil". La integración orgánica de todo lo que social o individualmente se identifica con una cierta negatividad hace que el punto de vista conductista —que intenta hacer el bien a la gente a pesar de ella misma— desemboca *siempre* en carriles disciplinarios.

Como explica Freud en *El malestar en la cultura*, la dificultad del precepto por el cual hace falta "hacer el bien al prójimo" es que no sabemos nunca realmente qué es el bien para el otro. No fumar, hacer gimnasia, tener una vida de estudio y de reflexión, ser atento y receptivo al mundo son ciertamente cualidades muy loables. Pero el hombre que enloquece mientras conduce por una autopista porque lo supera otro auto, o aquel que deja su civilidad en el ropero para ir a un estadio a alentar a su equipo, sin mencionar a los que disfrutan con posiciones racistas o xenófobas —y la lista sería interminable— dan prueba de que todo lo que desde un punto de vista cartesiano parece 'irracional' en realidad es parte integrante de los humanos. El conductismo comparte con las otras terapias moleculares y cognitivistas, al igual que con

[9] Canguilhem, Georges, *Le Normal et le Pathologique*, PUF, Paris, 1966.

la pedagogía 'de las competencias', una visión *mecánica* y demasiado simplista de los actos y gestos humanos.

Materialismo de supermercado, el fisicalismo-conductista reduce el pensamiento y la cultura a las dimensiones más simples sometidas a los principios de la mecánica. Pero no se puede ser materialista sin simplismo... Cuando Spinoza escribió en su Ética que el hombre no es un "imperio dentro de otro imperio", entendiendo por ello que hay que aplicar a los hombres y a las civilizaciones los mismos métodos de análisis que al conjunto de la naturaleza y de la existencia, él no adhirió a una acepción 'mecánica' (cartesiana) de la naturaleza. Su "monismo" de la sustancia no se opone a una diferenciación entre los niveles de organización, bajo la forma de "modos de ser" y "atributos" diversos. Para Spinoza, no habría que explicar las cosas de los hombres por la física, ni el campo de la física por el pensamiento: "pensamiento" y "lo extenso" son los dos atributos de la substancia, no reducibles el sobre el otro.

El problema es que, si todo está mecánicamente determinado, *todo es movimiento*, nada es acto y nada tiene *sentido*. La dimensión de sentido emerge y depende de la existencia de un organismo discreto, auto-organizado, capaz de producir sus propios comportamientos y actuar en relación con una historia que, siéndole totalmente propia, articule a su especie con otras especies de manera general. En el caso del hombre, a eso hay que agregar la evolución y el desarrollo de la cultura, variantes casi infinitas. El acto es lo que da cuenta de un sentido más que de un movimiento mecánico. Es por ello por lo que la principal imputación que podríamos hacer al conjunto de las terapias modulares —moleculares, cognitivistas o conductistas— es la de *la eliminación del sentido*. En resumen, si para el psicoanálisis no hay movimiento en el hombre, porque en la interpretación metafísica de los actos y gestos de funcionamiento somático del paciente —para los psicoanalistas— todo es sentido, para las terapias positivistas, como espejo simétrico, nada tiene realmente sentido, todo es movimiento.

Las terapias "alternativas" y el riesgo de una deriva de tipo sectario

La crisis actual se inscribe en los cuerpos y en las mentes de nuestros contemporáneos.[10] Por lo tanto, está lejos de ser un macro-acontecimiento al que las mujeres y los hombres mirarían desde afuera. El cambio de signo del porvenir, convertido en sinónimo de amenaza, provoca el desarrollo de una subjetividad patógena cuyas manifestaciones individuales se denominan depresión, xenofobia, alcoholismo, toxicomanía, etc. La reacción ha sido el surgimiento de numerosas "nuevas terapias" con un ejército de "terapeutas" de todo pelaje. Algunos preconizan soluciones de tipo "fin del mundo" que seducirán a aquellos que se refugiaron en las variantes apocalípticas de sus angustias —felizmente, muy minoritarios, pero no por ello menos significativos—. En la década de los años 2010, un número de mujeres y hombres, adultos, racionales, alfabetizados, 'descubrieron' que se podía vivir sin comer (la alimentación Prana), que los extraterrestres desde hace mucho están a cargo de nuestros asuntos, o incluso discuten apasionadamente su vida pasada, haciendo proyectos para su reencarnación futura, de tipo "Cuando yo sea un caracol, tendré que estar alerta a los automovilistas".

En cualquier caso, se ha redescubierto el cuerpo, y con él, las terapias autodenominadas 'corporales', que aspiran a ordenar nuestra energía interior: terapias de esas, hay una lista inmensa. Muchas son inocuas y, en el marco de una práctica controlada, tener cierta utilidad para 'vivir mejor'.[11] Otras pueden llevar a prácticas de tipo secta, y como las sectas desarrollan sus propias prácticas 'terapéuticas', tienen una eficacia pretendidamente certera y atraen a personas más o menos *border*, o que no pueden soportar el miedo que suscita el presente. Estas personas desestiman entonces toda posibilidad de pensamiento crítico, convencidas de que al hacerlo demuestran una relación "auténtica" con la verdad, a diferencia de quienes caerían en el pecado de soberbia de querer *comprender* lo incognoscible.

[10] Para una mejor comprensión de este punto relevante, ver el amplio desarrollo dado en el libro: Benasayag, Miguel (con Schmit, Gérard), *Les Passions tristes*, op. cit.

[11] Como había mostrado Francisco Varela a propósito de la práctica de la meditación en la cultura budista. Véase Francisco Varela (dir., con Dalai Lama y Jeremy Hayward), *Passerelles. Entretiens avec des scientifiques sur la nature de l'esprit*, Albin Michel, Paris, 1995. Véase, también: Francisco Varela, *Dormir, rêver, mourir. Explorer la conscience avec le Dalaï-Lama*, Nil éditions, Paris, 1998.

Pero más allá de las sectas, la adhesión a las terapias 'alternativas' se basa sobre todo en una 'subjetividad' con características potencialmente sectarias. Podemos ver ahí una respuesta histórica al fracaso del racionalismo occidental. En ese decurso hacia estas terapias se expresa, ante todo, el deseo de darle un sentido al mundo que aparece tan complejo, oscuro e inquietante. Un ejemplo que ilustra lo mencionado es el caso de un paciente que, angustiado por la esclerosis múltiple de un familiar, explicaba que a fin de cuentas no es tan sorprendente porque siempre tuvo una postura demasiado rígida en sus posiciones políticas. Es fácil imaginar el alivio que una explicación semejante le ofrece a alguien que da por sentado que controlar los hechos y aconteceres es posible para las personas que saben "llevar una buena vida". De hecho, las terapias corporales, espirituales, budistas (o seudo-budistas) y otras, tienen la misma finalidad: restituir una visión holística del mundo y la existencia, lo que es perfectamente admisible y hasta deseable, siempre que no caiga en la trampa de un nuevo reduccionismo. Sin embargo, muy a menudo esta visión privilegia de facto el *approach* individualista, sin la comprensión de las complejas articulaciones del individuo con la sociedad y la naturaleza. Y, a partir de ahí, deja la puerta abierta a sus variantes sectarias, que explican al individuo atomizado —que ha perdido sus vínculos, tanto con los demás como con sus propios síntomas— que, de hecho, para los iniciados, todo está ligado a todo: la energía del universo actúa en cada cuerpo... Y ahí incluido el gran Otro del universo. Un dispositivo evidentemente caricatural, y a su manera, perfectamente reduccionista.

El fisicalismo reduccionista actual ha limitado la comprensión del funcionamiento de un sistema complejo a las relaciones de contigüidad de los elementos que lo componen. De manera que, al menos después de Newton, toda evocación de una influencia a distancia entre dos elementos de un sistema no mediado por un campo de fuerzas, es frecuentemente considerado como no racional, o, al menos, como 'para estudiar', porque carecería de las mediaciones que explican las relaciones entre efecto y causa: si la causa *A* tiene un efecto *D*, debemos encontrar los eslabones *B* y *C*, a menos que permanezcamos en un pensamiento de tipo mágico. Frente a semejante reduccionismo, incapaz de comprender ni siquiera las variables no locales que actúan en un sistema, el holismo con perfume a místico de algunas de las nuevas terapias pretende explicar todo, pues el agregado arbitrario de las causas holísticas no demostrables permite, en esta seudo racionalidad, que todo sea explicable.

Esto no impide que, en las múltiples terapias llamadas alternativas y en los eventuales encantos místicos —pero que, como vimos, no todos lo son—, los pacientes no encuentren alivio con algunos de ellos. Siempre que se practiquen con sensatez y libres de "subjetividad sectaria", tienen ventajas innegables. La primera, ligada directamente al carácter holístico de sus fundamentos, consiste en subrayar al paciente sufriente *que tiene vínculos*, que son orgánicos y que, en consecuencia, los dolores y otras molestias por las que sufre, *tienen un sentido*. Este elemento, en principio subjetivo, pero que da una eficacia simbólica a las terapias alternativas, está lejos de ser algo insignificante. Sabemos hasta qué punto un dolor, incluso un simple trastorno, puede convertirse en el origen de una enfermedad o de un sufrimiento si no le damos un mínimo de sentido. Ese sentido es cualitativamente diferente de las informaciones pretendidamente objetivas de un terapeuta reduccionista, que le señala simples "disfunciones" a un paciente "portador de síntomas". Sin embargo, la comprehensión de esos síntomas implica la existencia de un sujeto de conocimiento, de una cosa que deseamos conocer y de una interfaz que constituye "lo conocido".

La otra ventaja de algunas de estas terapias es que tienden a tener en cuenta los cuerpos, pues el cuerpo ha sido doblemente expulsado en la posmodernidad. La primera vez fue con el famoso "giro lingüístico" (*linguistic turn*) de la década de 1950. Los filósofos analíticos anglosajones defensores del "todo es significante" explicaban que el cuerpo estaba tejido de lenguaje, lo que incluso daba cuenta de un real que solo era "hueco" —al igual que en la teoría lacaniana, el objeto "pequeña a" hace agujero en la cadena—. La segunda, paradójicamente, ha sido el fisicalismo, que se convirtió en dominante. El neopositivismo lo único que tiene de materialista es la fachada: a partir de la dislocación de los funcionamientos corporales, el propio cuerpo, en tanto que instancia auto-organizada, es negado. De ahí el éxito de las terapias corporales, dada la incapacidad de las terapias psicoanalíticas de aliviar los sufrimientos psíquicos (ver al respecto el Capítulo anterior). Al recurrir a la sofrología, el yoga, la relajación, la meditación trascendental, el masaje californiano, la etioterapia, la antigimnasia o al reishi (el "hongo de la inmortalidad" chino), básicamente estamos teniendo en cuenta —porque tenemos que ser capaces de hacerlo— del hecho de que el cuerpo no es simplemente una máquina que funciona al servicio de un individuo reducido al estatuto de un "perfil" en Facebook o LinkedIn, obligado a "ofrecerse" a sus futuros explotadores.

Es preciso reconocer que algunas de esas autoproclamadas "terapias" son, también, potencialmente peligrosas. En el marco de sus creencias mágicas incuestionables, llegan a aconsejar irresponsablemente la interrupción de medicación clásica contra enfermedades graves como el cáncer. El problema es que la mayor parte de esas terapias son extraídas de forma brutal de un conjunto antropológico y cultural que no es el de la posmodernidad: el supermercado de las terapias alternativas, a veces, recuerda una galería de fotos tomadas en los cuatro puntos cardinales del planeta, e incorporadas a la búsqueda de bienestar occidental. Sucede que al abstraer una serie de gestos, en general chamánicos, de su contexto, esas "terapias" terminan por proceder al mismo reduccionismo que critican. La persona que participa de algún ritual terapéutico chamánico en la cordillera de los Andes o en el Tíbet, lo hace en un conjunto en el que ese gesto tiene significados prácticos y simbólicos. Pero el gerente ocupado que deja por una hora en el guardarropa sus dispositivos móviles para meditar, hacer relajación y otros masajes propios de las terapias alternativas, es como un joven lobo que incorpora a su panoplia algunas dimensiones exóticas al servicio de su utilitarismo occidental.

Incluso las terapias totalmente racionales como la fitoterapia presentan este problema, una vez que la planta cuyas cualidades medicinales son extraídas de su medio de origen y administradas a cualquiera que no vive, en ningún aspecto, como quienes habitan el lugar donde la planta crece. Por supuesto, el llamado "retorno del cuerpo" así como la aparición de técnicas y terapias asociadas, son buenas noticias en sí mismas. Pero para cualquier saber "venido de afuera" el desafío siempre será su posible integración orgánica en Occidente, para evitar convertirse en un producto de consumo suplementario, que desarticule aún más a la persona y se convierta en un 'plus de eficacia' del individuo.

III

Hacia una terapia situacional

6

Crisis de la modernidad y nuevos desafíos de la psi

Atravesamos una profunda crisis, que algunos denominan "crisis de la modernidad" en el sentido que implica el declive de una figura que era potente y devino impotente: la de la persona humana. Esta crisis redefine los desafíos de la *psi*, ya que implica el final de un mundo, el del individuo, dotado de una interioridad y de una vida personal. Asimismo, torna indispensable la apertura hacia otras subjetividades y modos de ser. En principio, la 'psicoterapia profunda' toca a su fin, y la pregunta es saber a qué subjetividad el terapeuta puede dirigirse hoy. Sin embargo, la idea de una "época del Hombre" (y su final) no parece tan evidente: en una ocasión en que presenté a los estudiantes la pregunta sobre si la datación de la 'emergencia del hombre' tuvo lugar a principios del segundo milenio, con Abelardo y Eloísa, o solo unos siglos más tarde, en la época del Renacimiento, una muchacha sentada en la primera fila y que conocía evidentemente la fecha de aparición del *Homo sapiens* pareció totalmente sorprendida por la pregunta... De hecho, ¿qué significa concretamente decir que "la época del Hombre ha terminado"? Y, en consecuencia, ¿qué sentido puede tener una clínica que no se dirige más al hombre de la modernidad?

¿El fin del mundo del humanismo?

Por 'la época del Hombre' entiendo la época de un paradigma humanista que ha prevalecido por un largo período en el mundo occidental, y que ha definido una singular forma de existencia. La especie humana, articulada con el ambiente, las otras especies y la cultura, puede ser considerada, para fines didácticos, como *el conjunto de lo que existe*. A lo largo del tiempo y a través de espacios geográficos, los elementos que componen este conjunto se han entretejido e interactuado bajo diferentes formas, que permitieron el surgimiento de dispositivos auto-organizados. Estos, en lenguaje moderno, podemos llamarlos 'sujetos' en la medida que tienen una interioridad, una intencionalidad, una historia, así como la pertenencia a filiaciones orgánicas producto de un largo tiempo.

Para denominar a esas formas que se refieren a modos de ser estructurantes, el antropólogo Philippe Descola utiliza el concepto 'ontología'. En su obra fundamental *Más allá de la naturaleza y la cultura,*[1] se basa en investigaciones de campo y comparaciones en el tiempo y el espacio, y define cuatro ontologías existentes o que han existido, sosteniendo que la del humanismo occidental no es la única posible: considera el animismo, el totemismo, el analogismo y el naturalismo (la ontología de la cual el modo de ser occidental es heredero). En el animismo, cualquier 'ser' —piedra, vegetal, animal, montaña, humano— puede poseer (o no) un alma, o dicho de otro modo, un *principio de acción*; un hombre, por ejemplo, puede estar 'deshabitado', mientras que una piedra podría estar 'habitada'. El totemismo, por su lado, se basa en una cosmogonía en la que las esencias 'puras' —en el sentido de que 'actúan', preexisten a la creación del mundo, y refieren a cualidades tanto positivas como negativas, como el coraje, la belleza, la cobardía, la rigidez, la fluidez, etc. Con la creación del mundo, esas esencias se han repartido de forma desigual entre los 'seres', y algunos pueden poseer pocas y otros, muchas. La unidad está basada en la esencia: dos hombres que no comparten ninguna no forman parte de una unidad, mientras que un hombre puede reconocer en otro ser —animado o inanimado— una esencia común. El analogismo concibe que una pluralidad de objetos dispersos participa de una unidad en tanto que su organización observa una analogía con la estructuración del universo (principio orgánico). A la inversa de las otras ontologías, históricamente asociadas a la aparición de la especie humana, el naturalismo emergió en un momento tardío de la historia, se desarrolló y conoció un declive que preludia su desaparición. En el naturalismo, el dispositivo es de tipo 'cartesiano': el sujeto es el ser humano, su 'conciencia', que enfrenta a lo otro, a la 'naturaleza', conjunto desencantado y sometido a las leyes de la mecánica. La conciencia es ese lugar que Descar-

[1] Descola, Philippe, *Más allá de naturaleza y cultura*, Amorrortu, 2012.

tes llama "el pequeño teatro" en el cual el yo, una instancia supuestamente unificada, integra las informaciones y percepciones del mundo exterior, las elabora y piensa, y actúa, en consecuencia. De esa 'naturaleza' forman parte los propios cuerpos humanos. Es esa separación conciencia/naturaleza que hace la ontología naturalista, lo que revela una ficción que enmascara la vida concreta de las mujeres y los hombres.

La tipología de las ontologías establecida por Descola es rigurosa para comprender cómo la crisis de la edad moderna implica un cambio en el modo de ser que, subjetiva y objetivamente, constituye al hombre occidental, colocándolo ante la perspectiva de un mundo que termina. El fin de *un* mundo no es, obviamente, el fin *del* mundo, y seguramente permite el renacimiento de otros posibles. Pero hay que poder enfrentar esto... y la condición es que el individuo acceda a un modo de conocimiento donde admita que solo es *un* elemento dentro de un conjunto de procesos, porque el modo de conocimiento más corriente es el que Spinoza llama "de primer género", en el que el individuo está autocentrado, al punto de ignorar por qué es afectado. Otra dificultad, propia del humanismo es que este ha sustancializado el *individuo,* con la idea de que un núcleo duro transhistórico yace en su centro: el mundo y las situaciones han cambiado, pero algo en él permanecerá siempre "idéntico a sí". El obstáculo aquí reside en la asociación establecida en la representación dominante entre la subjetividad —la relación con el mundo y consigo mismo— y el *modo de ser* que la funda.

Estos dos obstáculos se oponen a la comprensión del hecho que el 'individuo', en realidad, es la manifestación epocal de una multiplicidad 'pre-individual' constituida por procesos a la vez humanos —en el sentido de la especie, y de ahí, culturales y técnicos—, y no humanos, lo que implica los ríos, los árboles, los animales, las geografías, los artefactos y dispositivos. Se oponen, en consecuencia, a la búsqueda de nuevas formas unificadas e incluso a articularse con las nuevas prácticas y evoluciones de la humanidad.

La 'situación' como nuevo sujeto de la práctica *psi*

Ahora bien, si intentamos pensar una nueva unidad orgánica que, resistiendo a la dispersión posmoderna, deje de esperar el porvenir en el espejo retrovisor del humanismo, hay que hacerse la pregunta por lo que ha comenzado a autoproducirse. La fragmentación y dislocación son una realidad; el desafío no es caer en un nihilismo neoplatónico de un 'múltiple puro', o sea, la idea de una multiplicidad sin alguna unidad intrínseca. Leibniz explicaba, en ese sentido, que un ser por agregación sería un "no-ser".

Las ontologías definidas por Philippe Descola ayudan a identificar dos tendencias integradoras que hoy están operando. La primera, de orden nihilista, refiere a una estructura muy próxima a un nuevo animismo y es la que, hasta el momento, es la más dominante. Consiste en dotar de interioridad e intencionalidad a los artefactos y macro-organismos de la época, multinacionales o instituciones interestatales. La segunda, más prometedora, tiende hacia una organicidad intensiva y se aproxima bastante al *analogismo* de Descola. En ese dispositivo, elementos de naturaleza muy diferentes se estructuran y forman las partes extensivas de un dispositivo orgánico, en el que la unidad está dada por las características intensivas que obedecen a un mismo principio de analogía orgánica, donde todo aquello que es orgánico coexiste de forma conflictual. Esta estructura analógica puede ser concebida como el principio animante de toda situación concreta. El elemento orgánico es, a la vez, histórico, dinámico y territorializado, en, por y para cada situación.

Por *situación* entendemos esa unidad espacio-temporal en la cual la dinámica intensiva (histórica) captura elementos extensivos (sincrónicos) para manifestarse como una unidad con un eje de gravitación propio. Lo que ordena y da vida a la situación no se define, entonces, ni por los elementos diacrónicos ni por los sincrónicos extensivos, sino por la conjunción espacio-temporal, que determina una *unidad integrada*. Una situación es esa unidad por la cual existen *asimetrías concretas* que convocan a todas y todos los que participan. En una época en la que las investigaciones de punta permiten imaginar, en un futuro cercano, la posibilidad de modificar los contenidos de la memoria, borrando ciertos recuerdos e inyectando otros, la novela de Philip K. Dick (1966) que inspiró la película de Paul Verhoeven *Total Recall*[2] (1990), puede ilustrar ese punto: el héroe se encuentra en una reunión con el jefe de la resistencia, y llegan las fuerzas represivas. Pero él no sabe quién es. ¿Acaso uno al que le inyectaron recuerdos de la resistencia, o un resistente al que le manipularon la memoria? En realidad, la 'situación' no se define por ese tipo de 'informaciones'. Tiene un eje de gravedad propio, que determina

[2] Conocida en países hispanohablantes como *El Vengador del Futuro* o *Desafío Total*.

las asimetrías. Para decirlo en lenguaje spinoziano, en esta situación hay una asimetría entre alegría y tristeza, potencia e impotencia. El héroe es convocado porque es *capturado* por la situación. Él basculará de un lado al otro, pero no en función de su eje diacrónico, sino en la articulación conflictual de todos los datos presentes, disponibles.

Volviendo a la *cuestión psi*, en el caso de las historias 'personales', la neurosis y la tristeza tienden patológicamente a ignorar los elementos de la situación actual, porque quedan eclipsados por las informaciones que provienen de la historia diacrónica. No dejarse capturar por la situación actual está en el origen de cualquier proceso patológico: es por eso que calificamos de 'situacional' a la terapia —inscrita en la corriente de pensamiento fenomenológico—, que nos parece la mejor y también permite a los terapeutas *psi* satisfacer las demandas de sus pacientes que sufren el malestar contemporáneo. En la terapia situacional, el eje de la realidad situacional cuenta tanto como el de la realidad psíquica individual. De lo que se trata es de ocuparse de las situaciones concretas en las que los pacientes participan —o rechazan participar—, por las cuales son capturados y convocados. Según mi criterio, el terapeuta debe esforzarse por ayudar a cada uno de sus pacientes a afrontar mejor las situaciones actuales que constituyen su vida, a fin de ser un actor activo y consciente, y eso es lo que trato de hacer desde mi lugar.

Las ilusiones del "hombre aumentado"

En esta época de la posmodernidad, el *enfoque situacional* debe tomar en cuenta los nuevos desafíos. No obstante, como muestra el creciente éxito de las terapias modulares, la modernidad ha evolucionado y su visión de un hombre "amo de la naturaleza" —gracias al progreso técnico—, ha desembocado en una visión levemente diferente, la del *posthumano*. En ella, el hombre podría ser "aumentado" gracias a su hibridación con una técnica que le permitiría ser modificado hasta el infinito. Los investigadores en IA y robótica están encantados con la idea de tener pronto amigos robots con quienes compartir sus vidas, y que sus propios cuerpos estén en breve hibridados con los artefactos y dispositivos más sofisticados.

Este imaginario futurista de un cyborg u hombre aumentado —que correspondería a un fenotipo radicalmente diferente— tiende a ocultar que la hibridación hombre-artefacto en la cual el circuito de lo vivo se entrelaza con un circuito técnico y entra con él en coevolución, de algún modo, ya es una realidad. Esto conduce a mecanismos de doble sentido de delegación de funciones y de modificación mutua, una coproducción, pero que es ambigua, pues ¿corresponde a una "aumentación" o una pérdida de dimensiones de lo humano? Si tomamos en cuenta los datos sobre la plasticidad cerebral, está claro —como escribió el filósofo Jean-Michel Besnier—, que el *hombre aumentado* es, ante todo, un hombre "simplificado". En el Capítulo 3 traíamos el caso de un alumno que, en lugar de aprender a calcular una raíz cuadrada o un logaritmo, se contenta con apoyar los dedos en la calculadora y obtener el resultado. Este alumno, fisiológicamente, no es el mismo que sabía resolver esas operaciones sin la calculadora, en una temporalidad completamente diferente. El primero, que corresponde al ideal posmoderno, poco a poco deviene un procesador de informaciones. El otro era esculpido por la experiencia matemática en cuestión. Esta "escultura" debe entenderse en sentido fuerte, pues las redes neuronales específicas se habrán desarrollado en su cerebro. La transformación de toda operación de conocimiento, de tiempos lentos y escultores de lo vivo, por operaciones de información, de tiempos cortos y reactivos, marca también una verdadera evolución de nuestra cultura y de lo vivo. Y esta evolución tiende a ir hacia la dispersión y la dislocación de las funciones orgánicas, bloqueando el surgimiento de nuevas formas y unidades.

Pero la verdadera amenaza, insistimos, proviene menos de esas evoluciones que de la representación 'humanista' que nosotros tenemos. El verdadero talón de Aquiles de los argumentos de esos que tanto se entusiasman con la idea de tener pasado mañana un amigo robot, está en su concepción de la relación con la máquina, siempre marcada por la creencia humanista en la intersubjetividad, dado que dos seres no humanos se conectan en tanto que unidades creando una comunicación intersubjetiva. Eso no aplica para la conexión entre un humano y un artefacto. Las TCC participan de esa misma ilusión: al ofrecer al paciente (que no pide otra cosa) un ideal digno de un robot o de un posthumano, no se distancian de la idea de que se trata de individuos separados y capaces de autocontrolarse.

Esto no es una ficción. Cuando dos o más personas se comunican, conversan, el fenómeno solo es comprensible de forma *situacional* —la situación se compone por el entorno, la multiplicidad de cada persona que participa, los acontecimientos histórico-culturales, el pasado y las futuras virtualidades—. Esos elementos conforman un sustrato de donde emerge una unidad situacional, en cuyo seno 'se' habla, 'se' siente, 'se' excita, 'se' piensa. Nuestros lazos con el robot (o la transformación de nuestros vínculos con artefactos funcionantes) no amenazan, entonces, una 'intersubjetividad' imaginaria. Que las partes que componen la multiplicidad de un ser humano se combinen con las partes y funciones del robot, solo modifica el sustrato del que emerge una unidad singular. Desde ese punto de vista, la problemática que surge en torno al 'cyborg' apenas agrega elementos a la situación, nuevos desafíos, pero no lleva a la desaparición del 'sujeto', porque este no constituye una unidad existente *per se*. Al contrario, hay que preguntarse, tal como hicimos en la primera parte, ¿qué modificaciones introduce, *en la situación*, esta hibridación con el artefacto? ¿Qué nuevos peligros, qué nuevas patologías implican esta aparición? Y también, ¿qué nuevas potencias permite desarrollar la *terapia situacional*?

7

Los desafíos de la terapia situacional

Abordemos ahora algunos puntos teóricos esenciales de la terapia situacional. No se trata, para hablar con propiedad, de una nueva propuesta terapéutica, sino ante todo de una continuación de una corriente fenomenológica de la psicoterapia y de la psiquiatría alternativas. Esta propuesta se basa en la hipótesis de que el orden y la acción surgen de la *situación*, más que del individuo, y con esa inspiración fenomenológica, el trabajo *psi situacional*, se articula con una filosofía práctica de acompañamiento del paciente hacia lo que Baruch Spinoza llamaba el conocimiento de "segundo género". Una contextualización de diferentes dimensiones de su vida, hasta una despersonalización de la misma a favor de una apertura a las situaciones en las que ella participa.

Como vimos, la psiquiatría alternativa ya había desarrollado una fuerte crítica a la 'edipización' de la sociedad y de la persona, practicada por el psicoanálisis clásico (ver Capítulo 4). Hoy el problema ya no está en las pocas escuelas psicoanalíticas cuyos miembros desean todavía 'edipizar' a sus —cada vez más escasos— pacientes, sino en el desarrollo masivo de terapias para fenómenos biológicos y psíquicos dislocados, que no toman en cuenta unidad orgánica alguna; así, las grillas de interpretación de la realidad reemplazan progresivamente el encuentro con el paciente. El desafío es, entonces, recibir y tratar el sufrimiento *psi* en un mundo donde la dispersión de la persona se ha convertido en norma. Mientras que el psicoanálisis clásico se concebía a partir de un movimiento *top-down* (terapia holística de arriba hacia abajo), y las terapias de la dispersión solo conciben sus prácticas como *bottom up* (de abajo hacia arriba), la terapia situacional se propone asumir ese desafío a partir del principio orgánico por el cual ningún nivel debe ser privilegiado: hay que articular *top down* y *bottom up* en las historias en su devenir, las cuales siempre se manifiestan en múltiples situaciones actuales. Lo que decide el diagnóstico y el tratamiento también se basa en el respeto y la posibilidad de tomar en cuenta y acoger una singularidad.

Una terapia centrada en el presente

Para precisar mejor esa idea de "acoger una singularidad", ante todo hay que señalar que se debe centrar en el presente. No en el 'aquí y ahora' inmediato, sino en el presente tridimensional del que hablaba San Agustín.[1] Su primera dimensión es el "presente del pasado", o sea, todos los elementos que constituyen el dato actual que proviene del devenir histórico, tanto personal como colectivo.

Tal como lo explicaba el epistemólogo que mencionábamos, Giuseppe Longo,[2] el pasado está presente en todo sistema orgánico bajo una forma de "retención": retiene en los circuitos históricos el presente que funda. La segunda dimensión agustiniana es el "presente del futuro": son las virtualizaciones que constituyen una invitación o un reto al centro mismo del presente. Longo ve una fuerza de propensión, ese esfuerzo del ser *por ser*, según Leibniz, o para Spinoza, con su *conatus*. La tercera dimensión, San Agustín la denomina "presente del presente", un presente de una temporalidad densa, que jamás se define por la instantaneidad, sino por la *potencia*. En relación con este tiempo complejo y espeso, siempre estamos en el presente...

Como bien saben los *psi*, una de las causas clásicas del sufrimiento psíquico de una persona es que está entrampada en un "pasado que no pasa", bloqueando así toda posibilidad de actuar libremente en el presente. Es como si la permanencia de ese sufrimiento fuera la prueba indiscutible de su identidad en el sentido de su singularidad: "Sufro, entonces, soy". El psicoanálisis, freudiano y lacaniano, ve en ese sufrimiento —y con razón— una dimensión del goce. Su concepto de "pulsión de muerte" le permite comprender que la persona no está solamente habitada por un deseo y una necesidad de ir hacia lo "mejor", sino también por tropismos que lo impulsan a comportamientos

[1] San Agustín, *Les Confessions*, Garnier-Flammarion, Paris, 1963, Livre XI, chap. 14, p. 263 sq.

[2] Bailly, Francis et Longo, Giuseppe, *Mathématiques et sciences de la nature*, op. cit.

nocivos para sí mismo. Como decía Spinoza, amamos nuestras cadenas como si se tratara de la libertad: es más fácil aferrarse a esas cadenas que atreverse a lo desconocido de la libertad, entendido no como un libre albedrío imaginario sino como la potencia de actuar *por* y *para* la situación.

En esta acepción global del presente, solo existen las *situaciones presentes*. Pero 'multidimensional', el presente no es un "territorio" del individuo, sino un conjunto orgánico convergente en el cual el individuo solo existe en tanto que multiplicidad agenciada con otras multiplicidades. A menudo, se defenderá diciendo "*yo soy* quien sufre, yo he vivido tal o cual experiencia en mi historia". Por lo tanto, la historia individual no es ni más ni menos que un elemento subyacente de la situación. Una persona no participa de una situación en tanto que unidad cerrada sobre sí misma; las partes de la persona son requeridas por una situación dada, y se entrelazan con otras partes, sean personas, ambientes, historia, geografía, etc. "Yo" no existe salvo en la medida en que me es posible distanciarme de mi pequeña historia personal, para asumir los desafíos de las situaciones presentes.

De tal forma, una causa específica de los nuevos sufrimientos descriptos en la primera parte de este libro, es la saturación del presente situacional por un *feedback* inmediato: la persona es tragada sin parar por una pura exterioridad, y toda interioridad se torna en molestia o problemas para ella, o sea, peligrosa. El miedo a enfermarse o a la pobreza, el deseo artificial de éxito y reconocimiento le impide acceder a la potencia del presente multidimensional. La terapia *situacional* tiene por vocación ayudar al paciente que sufre a emanciparse, no para que 'devenga él mismo', sino para que pueda —mediante el olvido de la trampa de su individualidad— estar cada vez más presente en las situaciones en las que está implicado.

Entre esta dislocación del presente multidimensional, hay que mencionar los disfuncionamientos ligados al *porvenir*. En la visión lineal y unidimensional del tiempo, el porvenir es percibido como lo que nos queda por recorrer del camino. Este porvenir fue el eje central de la modernidad, desde sus inicios. El progreso, los 'descubrimientos', todo, se estructuraba para ese hombre de la Modernidad en torno a un futuro-promesa. Sin embargo, en un breve período de tiempo, esa promesa que estructuraba todas las dimensiones de la vida, se convirtió en una amenaza. El temor por el futuro es indudablemente la principal causa de disfuncionamiento en los nuevos sufrimientos. También, es el origen de que se brinde tratamiento a las personas como *perfiles-tipo*, tal como lo hacen las TCC. Esas terapias están obsesionadas por prever, pues a partir de las normas estadísticas, creen tratar con datos cuantitativos identificables en el paciente. A la inversa, el enfoque situacional propone una terapia de acogida, de encuentro y de un diagnóstico compartido.

De ahí esta idea de "acogida de la singularidad" en la clínica situacional. Una singularidad emerge de la situación terapéutica de acogida y de encuentro. *Una singularidad es, para decirlo con propiedad, el común en acto.* Del mismo modo que el común debe comprenderse como un conjunto de singularidades en potencia. Mi paciente puede ser acogido como singularidad, bajo condición de que yo mismo, en tanto que clínico, acepte participar en la emergencia de una interfaz que nos sea común. Generalmente el paciente llega 'sabiendo mucho'. Sabe por qué sufre y por qué cualquier cambio le parece imposible. El terapeuta debe invitarlo no a acercarse a un supuesto saber 'doctoral', sino a abrir un camino hacia un no-saber compartido. Porque apostar y no saber, así como la aparición de nuevas posibilidades, son los ejes de toda singularidad.

Sobre la utilidad de 'no saber': lecciones de dos casos

Dos casos pueden ilustrar lo que entiendo por acogida de una singularidad. Retomemos la historia que vimos en el Capítulo 1. En un momento dado de la terapia de Susana, la situación se presenta tirante y sin solución. Susana es consciente de que su muy funcionante exoesqueleto —ejecutiva graduada en una importante facultad— es una fuente de sufrimiento, y que cuanto más funciona más siente que toma una dirección que no corresponde a sus tropismos. En tanto, ella no define aún tomar otro camino. ¿Qué sería "ir mejor"? "El organismo sano busca menos mantenerse en su estado y entorno actuales que realizar su naturaleza", explica Georges Canguilhem. "Pero eso exige al organismo que, al afrontar riesgos, acepte la eventualidad de reacciones catastróficas. Las personas sanas [...] miden su salud por su capacidad para superar las crisis orgánicas y para establecer un nuevo orden".[3] Este es el desafío y la hipótesis de la acogida terapéutica. En un diálogo facilitado por la inteligencia de Susana, utilicé la metáfora del endoesqueleto y el exoesqueleto. Y un día ella preguntó, según mi criterio, algo *crucial*: "Está muy bien, Miguel, pero imaginemos que no tengo nada dentro o nada de bueno y que

[3] Canguilhem, Georges, *Le Normal et le Pathologique*, op. cit., p. 54, trad. propia.

mi endoesqueleto se revela como un toc". La pregunta de Susana muestra que habíamos llegado al punto de singularidad de la situación, porque habíamos alcanzado un *no-saber compartido*. ¿Vamos a apostar juntos por ese endoesqueleto desconocido para nosotros —y que puede significar, para ella, incomodidad, molestia y sufrimiento— o vamos a buscar pequeños acuerdos para escapar a la situación?

Desde ese día, el trabajo cambió de naturaleza; se volvió un trabajo de "atención compartida". Ella y yo intentamos escuchar cuál es la "vocación" de Susana para poder encontrarle una forma y una manera de seguirla. Susana cambió de trabajo y comenzó una carrera completamente diferente, en las antípodas del mundo del apartheid empresarial dividido entre *losers* y *winners*. En esa nueva aventura, ya no se trataba de debilidad o fuerza, sino de cuidar la fragilidad propia de la vida. Ella ganaría menos dinero, pero comprendió que en la vida siempre terminamos por "pagar los platos rotos", que *en la vida hay pérdidas*, pero que es mejor pagar el precio por una vida que por una quimera.

En cuanto a María, cuando llegó a mi consultorio de psiquiatría infantil a fines de la década de 1990, tenía seis años. Vino acompañada por una educadora judicial que me contó, delante de la niña, que había sido abusada por su abuelo paterno, que estaba en prisión. De padre desconocido o desaparecido, la pequeña tenía a su madre internada en un hospital psiquiátrico, acusando a su hija de haber destruido a su padre por esta "revelación", la de haberla abusado sexualmente. La única referencia familiar que le quedaba a la niñita era su abuela materna, también enfadada con ella. Lo que había "hecho estallar el polvorín", según la educadora, fueron dibujos "bizarros", que su maestra, inquieta, transmitió a la psicóloga escolar, la cual concluyó que esa nube era la representación de un pene erecto. Entonces, presentó una denuncia al fiscal, y ahí se produjo la inevitable cascada de *psis*, médicos y policías. Hay que decir que en esa época había una muy fuerte inquietud en torno a la pedofilia en Francia, tras la promulgación —en agosto de 1997— de una circular del Ministerio de Educación "en torno a las violencias sexuales", buscando poner fin a un "muy largo período de negacionismo de la pedofilia" en el ámbito de la educación nacional.[4] En cada servicio de psiquiatría, un *psi* se veía en el rol de "encontrar la huella del pedófilo".

[4] Véase Robin, Marie-Monique, *L'École du soupçon. Les dérives de la lutte contre la pédophilie*, La Découverte, Paris, 2006.

Así fue como, durante diecinueve años, me convertí en el único punto fijo en la vida tremendamente caótica de María, meneada entre albergues y familias de acogida. La madre continuó en el psiquiátrico y el abuelo murió en prisión antes de que terminara el juicio. Durante todos esos años, jamás evoqué el 'asunto' con María. Consideraba que luego de aquel primer día en que la excitación con la que la educadora me había relatado los "graves hechos" había sido también grave. También rechacé de entrada 'saber' lo que le había ocurrido a María. Poco a poco entré en su mundo: yo era su cita fija, un lugar, un número de teléfono donde ella podía encontrarme. Ella venía sistemáticamente. Atravesamos períodos muy diversos. Tuvimos, al comienzo, un tiempo de largos silencios, del cual salimos el día en que le propuse jugar a las damas. Rápidamente, ella quiso aprender a jugar al ajedrez. Tal vez fueran las dificultades de ese juego que la incitaron a contarme su cotidiano. María cambiaba de albergue, veía o dejaba de ver dentro de un esquema establecido a su madre o a su abuela, tenía conflictos con los otros niños. Ella me relató su vida, y yo también: le hablé de mi país o de mis viajes, le mostré mis libros. Todo le interesaba... hasta un día —ella ya estaba en primer año de Medicina— en que me llamó con una voz muy angustiada: "Miguel, tengo algo muy grave para contarte". Vino a la sesión acompañada de su noviecito, el primero que osaba tener. Yo le había hablado vagamente y pocas veces sobre la posibilidad de que, algún día, ella volviera sobre las razones por las cuales me había venido a ver, y ella se había rehusado siempre, en silencio. Resultaba claro que ese día había venido para hablarlo. Ella se sentó delante de mí, al lado de su amigo, y me miró fijamente a los ojos. Luego, de golpe, soltó "Miguel, mentí", y rompió a llorar. Yo no dije nada. Al cabo de un rato, agregó: "Mi abuelo murió de tristeza y vergüenza, en una celda. Y mi madre y mi abuela nunca me perdonarán". Conmocionado, terminé por decirle que nosotros deberíamos "digerir" todo eso juntos. Y que en todo caso, lo tenía que *reparar* de algún modo. Cuando escribí estas líneas la reparación todavía no había acontecido, pero se organizó una reunión con su tía, su madrina, algunas personas importantes de ese derrotero caótico, y María habló. Eso fue muy doloroso. La historia comenzó por una pequeña, en una familia con problemas, que dibujó una nube... nube que, en la cabeza exaltada de una psicóloga escolar, resultaba ser un pene erecto. Interrogada sobre esto, la niñita confirmó, se hundió, quedó en una trampa.

Me dio satisfacción no haber comenzado mi relación terapéutica con ella desde un "saber demasiado" sobre lo que había vivido. Eso, en todo caso, me confirmó que una información espectacular en el curso de la vida de una/un paciente puede ser 'tramposa' para la/el terapeuta, porque puede llevarle a creer que ese suceso (en este caso, la supuesta agresión sexual) sería una causa suficiente para comprender la situación y actuar en consecuencia. Pero un evento semejante, como cualquier otra información disponible al inicio de un trabajo clínico, nunca es *la* verdad de la situación. Esta verdad será la que ordene la situación, el sentido que tomarán, o no, esos sucesos y muchos otros en una vida singular.

Utilizo el futuro aquí para indicar que la situación siempre está abierta y viva, con todo lo que constituye su sustrato. María, como yo mismo, obviamente de otra manera, debe vivir con esta herida, que es una realidad. Es por ello que en la terapia la objetividad es una construcción común del/de la terapeuta y de su paciente. Así, María me ha permitido poco a poco construir con ella esa 'objetividad', comprender lo que estaba en juego para ella sin entramparnos en lo que, para la sociedad, parece ser una causa objetiva, "en sí misma". Como dice Canguilhem, no hay objetividad en materia de patología.[5] Toda identificación de una patología con un órgano o proceso biológico, de un sufrimiento psíquico con una causa unívoca, es abusiva, porque las propias 'causas objetivas' pueden producir efectos muy diferentes según las personas. Lo propio de todo sistema complejo —y el aparato psíquico es uno de ellos— es la existencia de una asimetría entre las causas y los efectos: pequeñas causas pueden provocar grandes efectos, y viceversa.

Asimismo, la cura no implica una vuelta a la idea naif de "recuperar la salud". El trabajo terapéutico no puede ser más que un nuevo sendero, no la vuelta a un estado inicial de salud o padecimiento (la enfermedad), sino otra forma de organizar el conjunto. Todo funcionamiento patológico debe comprenderse como el intento de un organismo por restablecer un equilibrio. Como los otros elementos de la historia del paciente, la herida de un suceso traumático no tiene un sentido en sí y para siempre: hay elementos de base cuyo estado emerge en un momento dado pero no causas, que de una manera lineal, producirían los efectos previsibles sobre su comportamiento. Por ello,

---

[5] Canguilhem, Georges, *Le Normal et le Pathologique*, op. cit.

habitar las situaciones sin caer en la trampa de un pasado, ilusorio o no, nos permite acercarnos por la vida.

La importancia de contextualizar los problemas *psi*

Como se habrá comprendido, una terapia del acogimiento no está centrada en el individuo sino en la situación. Otro eje esencial de la terapia situacional es la contextualización de los problemas psi. En un famoso texto, Hegel escribió que lo que es "concreto" siempre es el sistema, el contexto, mientras que los objetos un poco "abstractos" —en relación con el sistema— son imposibles de comprender en su inmediatez.[6] Él toma el ejemplo de un artículo escrito por un periodista luego de la publicación de su *Lógica* (1812-1816), que ironizaba sobre esta obra mayor, al afirmar algo así: el señor Hegel da cuenta del universo, las estrellas, la materia y el espíritu, pero ¿qué diría concretamente de mi pluma? A lo que Hegel respondió que la pluma con la que escribía el periodista era un elemento demasiado abstracto para decir qué es, demasiado descontextualizado y separado de un sistema o de una forma de la que podría emerger un sentido.

En su práctica clínica, los *psi* se hallan, regularmente, enfrentados a este tipo de problema: la persona que llega con una problemática 'concreta' que la perturba, y le impide vivir, requiere al clínico una intervención. Pero la problemática o el sufrimiento son demasiado abstractos, al igual que el paciente en tanto que individuo. En la terapia situacional, la cuestión de la contextualización es absolutamente decisiva, al punto de que el paciente-individuo deviene, de manera sin duda contraintuitiva, un elemento más de la situación a comprender. Del "eso me pasa" a la comprensión de "eso pasa"...

Imaginemos una situación banal en la consulta psi, por ejemplo, una persona toxicómana, su familia, sus amigos, el *dealer*, etc. Lo más común será pensarlo como un problema individual, el de la 'drogadependencia'. O bien en términos un poco más 'sociales', y se preguntará qué hacer con la circulación de la droga, los *dealers*, y así sucesivamente. Pero, en todos los casos, pensaremos y actuaremos en términos de problema a resolver, o de mínima, a asumir. Sin embargo, el paciente drogado coloca al terapeuta situacional ante la pregunta del contexto 'concreto' que permite leer la situación

[6] Hegel, Friedrich, *Qui pense abstrait?* Hermann, Paris, 2007.

'abstracta'. Para contextualizar al drogadicto hace falta ni más ni menos que cambiar el foco que permita la lectura de la situación. Por ejemplo, podemos comenzar así: en la actual economía globalizada, una parte considerable de los flujos financieros internacionales son los 'capitales negros', que corresponden a la circulación de la droga, a las ventas ilegales de armas, al dinero de la corrupción, etc. Y sabemos que es imposible que el sistema económico mundial sobreviva a un muy hipotético 'blanqueamiento' por la fuerza de esa masa de dinero turbio.

Solamente con esas dos consideraciones contextuales nuestro 'problema' cambia radicalmente de sentido y de perspectiva. Que haya toxicómanos en nuestro mundo es *normal*. La toxicomanía no es un accidente, sino un 'modo de ser', una forma de la realidad actual. Con el *dealer* y su entorno, el toxicómano es una manifestación de un dispositivo mundial bien real, no se trata de un comportamiento aberrante que nosotros, los buenos clínicos, debemos buscar 'resolver'. ¿Acaso es que no se puede hacer nada, o peor, abandonar la clínica para intentar —otra vez— cambiar el orden mundial? La respuesta es no: conocer lo mejor posible el sistema en el que estamos no solamente no es el camino hacia la impotencia, sino que permite comenzar a conocer las posibilidades reales de actuar. Dicho en otros términos: es salir del "primer género" de conocimiento (Spinoza), esa posición pasiva en la que solo conocemos por lo que estamos afectados, para ir al "segundo género" de conocimiento, ahí donde comenzamos a conocer *por las causas*.

En la clínica esto significa que el "todo" del sistema debe ordenar nuestra lectura de la problemática 'local'. En ese gesto —pensar y comprender el todo en la parte— reside la posibilidad de no dejarse engañar por una supuesta libertad de acción, creyendo en esa ilusión por el mero hecho de ignorar las propias cadenas. En la terapia situacional, que intenta estar a la altura de nuestra época, se debe abrir el consultorio al mundo. No para disolver la relación clínico-paciente, sino porque para que esa relación no desaparezca, sea detrás de consideraciones personalistas que buscan la causa de todo en el bolso agujereado del "rincón de los sucios secretitos" (Deleuze), sea por la eliminación de toda singularidad de los tratamientos modulares farmacológicos, u otros, que dan las espalda *tanto al paciente como al mundo*, porque están orientados por modelos estadísticos abstractos y normalizadores.

Retomemos el caso de María para ilustrar lo que entiendo por conocer las posibilidades reales de un 'actuar' gracias a la contextualización de un problema *psi*. María no es un caso aislado. En la época en que se 'descubrió' la pedofilia de su abuelo, se acometió una verdadera caza de pedófilos, reales o imaginarios. El relato de María, así, estaba inducido por una realidad social y para comprender lo que le pasaba, no alcanza con una lectura personal de su caso, sino que había que contextualizar: "Esto fue cuando...". Pues eso cambia la clínica que permite comprender que María fue también 'víctima', así como su abuelo desde un lugar diferente, de una especie de absurda erotización de la infancia que tuvo lugar en esos años. No se trata de justificar las mentiras de la pequeña, sino de comprender a través de las causas: el "segundo género" de conocimiento. Esto determina la reflexión sobre los posibles y a partir de ahí, ¿cómo María podría repararlo? ¿Es posible hacer pública su situación a fin de permitir un conocimiento de las causas sociales de su descarrilamiento? ¿Puede ella participar en ello? Algunas de las preguntas que abordamos con ella en la terapia y que permitieron, tal vez, al mismo tiempo que se desplegaban posibilidades concretas, una reparación y una emancipación.

Ayudar al paciente a "conocer por las causas"

La exigencia de contextualización supone el esfuerzo del terapeuta para ayudar al paciente a "conocer por las causas". Se trata de un sentido del conocimiento de sí que perdimos en la modernidad, pero que los griegos de la Antigüedad daban por sentado. Para ese pueblo, conocerse no significaba conocer todos los detalles de los "sucios secretitos" de cada uno. El "Conócete a ti mismo" quería decir conocerse en el mundo y conocer cómo el mundo se manifiesta en uno. En el mismo espíritu, la terapia situacional implica ayudar al paciente a ir hacia el conocimiento de "segundo género": conocer las causas por los procesos, y no solamente por lo que me afecta pasivamente. La terapia situacional implica, asimismo, un proceso de *desubjetivación*. Nosotros debemos acompañar a nuestro paciente hacia un conocimiento que no es un saber consciente, sino *experiencia*, lo que va a permitirle asumir que lo que "le" pasa, no "*le* pasa", sino que "pasa", y permitirle también salir de la trampa narcisista en la cual su historia personal sería su historia 'bien guardada'.

A todos nos resulta familiar la desoladora propensión a "abrir su corazón" a otro y relatarle las limitaciones, penas y frustraciones. Cada uno queda, entonces, con su pequeño mundo imaginario, operando una suerte de 'casting' inconsciente en el que nunca se encuentra al otro, sino a alguien que puede cumplir el rol ansiado en su fantasía. Pero en realidad, lo que a mí me pasa —incluso aquello que siento como más íntimo— podría pasarle del mismo modo a un hombre o mujer de mi edad, con mi experiencia. Hablar *muy íntimamente* de mí, implica la expresión de una articulación con el mundo, la historia, el arte, la política, etc.

Sin embargo, en la mayoría de las terapias, pareciera como si un automovilista que debe hacer el recorrido entre dos ciudades hablara solo de su auto, y nunca de los paisajes que atraviesa, de la forma en que lo impactan y afectan las diferentes situaciones. Las personas van como ciegas en la ruta, centradas en su vehículo, y consideran el viaje como una serie de accidentes más o menos felices, o infelices. En un momento dado, hace falta decir: "Bien, haciendo abstracción del estado de mi vehículo, el objetivo es el viaje". En tanto que terapeutas, es cierto que muchas veces nos toca hacer de mecánicos. Pero el error fundamental de la *psi* es concentrarse en el auto, y olvidar el viaje.

Con esta alegoría no pretendo decir que el coche debe verse como la historia personal del conductor y el viaje como la historia importante; una separación semejante sería abstracta, porque lo que llamamos 'historia importante' solo se manifiesta bajo diversas y variadas formas *en la vida concreta de los seres humanos.* Nada es más efecto de la gran historia que este tipo de discurso: "Yo me ocupo de mis cosas, quiero ser feliz, yo no me meto". Este creer que se puede vivir "en la suya" es un perfecto producto de la época. El egoísmo individual que refleja es imaginario. En las sociedades masificadas y alienadas, millones de personas creen, en el *mismo* momento, con las *mismas* palabras, en la *misma* ideología. Y de vez en cuando tenemos algún que otro paciente, con un vacilante deseo de intentar desbordar la jaula de la historia personal. Y comienza diciendo: "¿En qué mundo vivo? Esta mañana vi a unos polis maltratar a unos gitanos, la misma policía que metió a los judíos en el Velódromo en 1942 para mandarlos a Auschwitz".[7] Pero, por desgracia, este tipo de arranque suele coincidir con el encuentro de una relación extramatrimonial que, como en un triste teleteatro, cualquier exceso deseante vuelve rápidamente al circuito disciplinario de las pequeñas historias personales que pasan en los albergues transitorios a la salida de la oficina. La relación entre la pequeña y la gran historia es un poco como la famosa imagen de la

[7] La "redada del Velódromo de Invierno" (Vél d'Hiv) ocurrió en julio de 1942 en París, y fue la mayor deportación de judíos franceses bajo el régimen colaboracionista nazi (NdeT).

cinta de Moebius, en la cual cada punto interior se corresponde con un punto opuesto externo. La pequeña y la gran historia son tejidas con la misma tela.

Habiendo sido barrido por la historia, he podido experimentar que los únicos márgenes de acción posibles dependen del conocimiento del contexto en el que nos movemos. Haber sido 'una hoja en la tormenta' ayuda, sin duda, a comprender las posibilidades de actuar, y estas están ligadas al descentramiento de sí en la percepción del dispositivo que nos incluye. Nunca pensé que los dictadores Videla o Pinochet me hicieron un daño personal, pues no era muy difícil comprender por qué encarcelaban y torturaban a gente como yo. Una comprensión de ese tipo es la condición para poder actuar, inclusive en la llamada 'vida personal'. Por ejemplo, se trata de comprender que en un dispositivo *así*, mi amigo/a *hace cosas así*, no *me* hace cosas. Salir de la intersubjetividad es condición para desarrollar tangentes en la repetición y la destrucción.

Identificar la "geografía interior" del paciente

En esta lógica, los terapeutas deben intentar identificar con sus pacientes, su "geografía interior". Desde el punto de vista de la terapia situacional, la escucha de las problemáticas y los síntomas presentados por el paciente parten de una hipótesis orgánica concreta: un organismo jamás reacciona, sino que *actúa*. Ese "actuar" implica menos al sujeto o su libre albedrío que una dimensión más 'básica', que es que todo organismo actúa a partir de 'comportamientos propios'. Porque, en el abanico de comportamientos y sentimientos posibles, *no todo es posible para todos los seres humanos*. Cada uno actúa desde una combinatoria determinada de comportamientos y sentimientos que lo configuran y definen, más de lo que parece. Cuando se afirma "Yo actúo así" hay que interpretar, más bien, "Yo soy así".

Esa batería de comportamientos constituye una suerte de "geografía interior" particular de cada ser humano. Y en esa combinatoria, su historia personal ocupa un lugar particularmente reducido, porque el número de comportamientos son determinados por el mero funcionamiento de vivir su sexo, su edad, su estado de salud física y mental, su cultura, y así, una larga lista, donde solo al final está su familia y su personita. Por eso, cuando una persona, un o una paciente, me dice "Me enojé porque Fulano me provocó", debo entender "Me enojé porque soy alguien que se enoja". Frente a los mismos estímulos, Carla estaría deprimida, Juan lloraría, y Martina totalmente indiferente. Del mismo modo, el narcisismo individualista nos hace creer exageradamente que los tropismos y comportamientos, determinados por nuestra edad, nuestro sexo o nuestras situaciones familiares, darían cuenta de una singularidad creativa propia.

En la terapia, una buena parte del trabajo del paciente (así como de su terapeuta) consiste no tanto en 'comprender', sino en *constatar* los comportamientos que lo constituyen. Para los pacientes, una de las partes más difíciles de la terapia reside en llegar a conocer su geografía interior sin pretender darle un significado, pues se tiene un comportamiento o un tropismo del mismo modo en que se tiene cabello rubio o castaño, o contextura pequeña o grande. Claro que podemos identificar los genes de los rubios o los marcadores de ciertos caracteres psicológicos, pero en ellos no hay ningún mensaje ni misterio a "develar". Conocer su geografía interior no equivale a interpretar un sentido imaginario oculto, sino a explorar de qué estamos hechos, con el único fin de saber lo que podemos hacer *con* lo que somos. Este conocimiento podrá parecer un poco decepcionante, pero es a partir de este que podremos desarrollar nuevos posibles. Esa noción de "comportamientos propios" puede ilustrarse bien con esta frase taoísta: "Cuando se golpea la base de una barca, los peces huyen hacia el fondo y los pájaros salen volando". La comprehensión de estas reacciones de los animales remite menos a los *stimuli* provocados que a su naturaleza y a su estructura.

Estamos, aquí, en el nudo central de un debate epistemológico mayor, que enfrenta dos proyectos de sociedad. Por un lado, el del todo-cuantitativo, que propone abandonar la comprehensión en beneficio de mecanismos de previsión; por el otro, el que piensa la vida en términos de unidades comprehensibles. Paradójicamente, para defender esta segunda posición hay que admitir que no toda manifestación del ser humano —como tampoco de los no humanos— es necesariamente portadora de un mensaje o de un significado que haya que descifrar a toda costa. Pues la comprehensión está ante todo ligada a un actuar que da cuenta de la emergencia de una singularidad, lo cual es posible cuando nos despojamos de la creencia en nuestra individualidad: el actuar está del lado de la tangente. Así pues, la ilusión de que "solo soy yo cuando estoy bien" amputa una parte de nuestra geografía interior, nuestra capacidad de actuar. "Estar bien" es un sentimiento demasiado aleatorio, y no significa gran cosa. A menudo, cuando un paciente dice que "no se siente bien", ya están en marcha inconscientemente procesos profundos de reconstitución, mientras que la idea de "sentirse bien" suele expresar nada más que un simple funcionamiento superficial.

La cuestión de la emancipación: actuar para superar la "vida como algo personal"

Esta problemática plantea la cuestión de la emancipación de los determinismos biológicos o socioculturales. Con la visión reduccionista psicologizante que intenta comprender a la persona únicamente en función de su trayectoria "personal", la exploración de este objetivo conduce sistemáticamente a una aporía. Es muy difícil explicar, evocando a papá, mamá y Edipo, por qué una mujer o un hombre puede sumarse a la resistencia contra la opresión, arriesgando su vida, o por qué un artista o un pintor puede comprometer toda su energía en la creación de una obra de arte, en la que se siente atrapado, o por qué Spinoza, en el curso de su investigación conceptual, rechazó cualquier posición de confort hasta el punto de poner su vida en peligro. Y este tipo de explicación no da al terapeuta ninguna pista sobre cómo ayudar a su paciente a emanciparse. Si todo se puede explicar, si todo está sobredeterminado, ¿es posible *actuar*?

Esta aporía, según nuestra opinión, procede de una mala formulación de la pregunta. No podemos preguntar al individuo las razones profundas y suficientes de los actos de su vida, en particular aquellos por los cuales asume riesgos. Esto significa que actuar es posible, pero no bajo la forma de un "libre-albedrío" en el que "todo no es posible". Actuar es posible como un despliegue de los propios comportamientos, afinidades electivas, de su singularidad, o sea, de su *destino*. Actuar significa estar cautivo de una pasión, de un deseo, de un *destino* a través del cual mi vida no se reduce a lo personal. Esto demuestra que la libertad y la emancipación no son incompatibles con el destino. Es una interfaz fluida entre la persona y lo que podemos considerar como una "combinatoria autónoma", conformada, por ejemplo, por la música, la pintura, la investigación científica, el afán de justicia, una causa, un amor, etc. Pero también atender y cuidar a su familia, de un clan, o la práctica de un deporte. Todos los seres humanos —al igual que los otros mamíferos llamados superiores— tienen en la singularidad que los constituye, tropismos y afinidades electivas, singulares. Cada sujeto humano participa en el tejido del mundo, y las singularidades atraviesan a cada persona al mismo tiempo que la sostienen. En ese sentido, a diferencia de los otros mamíferos, las afinidades humanas existen en una interfaz, un cruce, con la cultura, la historia y el largo plazo (*longue durée*). Es en esta suerte de constelación, constituida por esos elementos, que la persona puede estar envuelta, o convocada, capturada por un destino que, aun teniendo 'afinidades' con la vida personal, apartan a la persona de ese registro.

Más de cuatro décadas de práctica en psiquiatría infantil me han dado la oportunidad de ver, cientos de veces, a pacientes míos manifestar sus afinidades. Cuando estas emergieron, no se trataba de hacer un diagnóstico o de clasificación de tipo "psicótico", "neurótico", "obsesivo", etc., sino que se convertían en elementos periféricos en relación con esta saliencia deseante. Infelizmente —y esta es una de las realidades más duras de todos estos años— múltiples factores están agazapados, como en las sombras, para barrer con este embrión de vida. Recuerdo siempre con mucho afecto a quien en el libro *Las pasiones tristes* denominé con el término de "el emperador". Había sido catalogado como "psicótico" por la mediocridad psiquiátrica, pero nosotros pudimos cultivar juntos su afinidad por la física y las matemáticas avanzadas. Así, 'el emperador' fue *atrapado* por estas disciplinas, de tal suerte que sus problemas psicológicos —como podrían ser, para otros, el reumatismo, la diabetes en otro, o el estrabismo de aquel otro— devinieron un detalle, incómodo, pero sin importancia en una vida descentrada de estos pequeños "problemas personales".

Permitir al niño ser 'absorbido' por una combinatoria, es decir, por su destino, significa ayudarlo a dejarlo ser, a no aplastarlo con los temores del mundo en nombre de un utilitarismo barbárico, evitar que la zoncera de educadores y psicólogos —o la neurosis de sus padres— acabe por impedirles encaminarse hacia lo que están llamados. "Mi vida, no es mía": esa es indudablemente la conclusión a la que se llega cuando nos dejamos capturar por los vectores de singularidad que nos atraviesan. Cuanto más me olvido, más existo, porque el yo es la prisión de la vida. La terapia situacional tiene como objetivo, precisamente, ayudar a ese "olvido", como cuando se permite abrir la puerta de una celda. Paralelamente, no habría que pensar que la masa de personas que, por diversas razones, no puede dejarse 'atrapar' por la vida, irá a vivir una vida realmente personal. La experiencia demuestra que, por debajo de esta frontera en la que estamos atrapados, esta vida que llamaríamos *personal* está casi totalmente capturada, pasivamente, por la alienación y la sobredeterminación de la neurosis y el control social. Cuando digo "casi totalmente" capturado es que en tanto la persona está viva, si sus afinidades electivas y los rasgos de singularidad que la atraviesan no pueden desplegarse, van a manifestarse bajo la forma de una serie de síntomas y sufrimientos, en el sentido del *dolor*, así como de la *esperanza*. La labor del terapeuta es conseguir que, en la medida de lo posible, se produzca el encuentro de nuestras afinidades electivas con lo que siempre precede, desborda y supera la vida.

El rol decisivo del cuerpo: más que palabras, los gestos

Otro eje esencial de la terapia situacional es el lugar que le otorga a los cuerpos. La terapia psicoanalítica clásica nos ha habituado a cierto desprecio por el cuerpo, derivado de la religión. En las sociedades herederas de las tres mayores religiones monoteístas, parafraseando a Michel Foucault "el cuerpo es el prisionero de su dueño", y es en la huella de este pensamiento religioso que las diversas tendencias racionalistas fundan sus objetivos, con un programa teórico tanto a nivel social como individual, sobre una moral en nombre del bien. Los ideales de dominación y de poder individual menosprecian, o mejor, detestan la vida real y concreta.

Sin embargo, esta última, que corresponde al nivel biológico, determina un campo de 'composibilidades' limitantes de los posibles teóricos. A la realidad material, en efecto, corresponden "ritmos" que toda cultura debe respetar, con los cuales debe articular a fin de poder desplegar su propia potencia. En mis seminarios, frecuentemente relato esta breve historia para ilustrar la relación orgánica entre cuerpo y espíritu: dos pescados rojos viven en una pecera desde que nacieron; y un día, uno le dice al otro "Es curioso, ¡no acabo de acostumbrarme a que sea viernes!". El efecto cómico, evidentemente, está en lo ridículo de que un pez rojo pueda ser consciente de la sucesión de los días de la semana. Pero lo que pone de relieve esta fábula es que las palabras que utilizamos, así como la visión del mundo que implican, no dan cuenta de verdades "en sí", en este caso la noción de "viernes" no existe sino como un recorte temporal semanal producto de la cultura humana. De ahí que los seres humanos crean que se trata de una realidad *en sí*, como cualquier otro elemento del mundo humano.

Pero si bien es cierto que, desde una dimensión simbólica, los viernes siguen a los jueves, desde una dimensión biológica, el pescado rojo *también* está estructurado por ritmos que le son propios, en los cuales el tiempo no es, en absoluto, una sucesión lineal de segundos. Cuando hablamos de lo corporal, los tiempos biológicos *tienen un sentido* para los pescados rojos. Y en el caso de las personas humanas, el cuerpo tiene sus propios mecanismos de significado que se articulan de forma conflictual —mediante la "barrera transductiva estocástica"—, con el otro nivel de sentido, cultural y simbólico (ver más arriba, Capítulo 5).

En ese conflicto, el pensamiento lógico-formal tiene una fuerte tendencia a hacer algo más que desarrollar códigos "x-tolerantes" hacia lo vivo, sino también a desarrollar una *sobrecodificación* que no se corresponde en nada con los ritmos y los procesos de lo vivo.[8] Un muy fuerte tropismo morboso impulsa a los humanos a intentar escapar de su condición de seres vivos a través del lenguaje, domesticando los "composibles" de la vida a partir de los posibles teóricos. Por el contrario, los procesos reales orgánicos ("x") toleran más o menos ciertos relatos y ritos que los acompañan, y de ahí la importancia de recordarle "a la lengua" que el cuerpo —parafraseando a Pascal— "tiene sus razones que el pensamiento lógico-formal no conoce"...

En nuestra tarea como terapeutas, debemos estar atentos a los procesos reales más que a los ideales sociales o individuales. Se trata de descubrir, con nuestros pacientes, lo que podríamos denominar un paisaje, una "geografía interior" en la que los tropismos, deseos, movimientos de retención y de propensión pudieran cohabitar felizmente. La alegría, que tiene que ver con la acogida del paciente, reside en la profunda convicción de que cada uno *es como debe ser*. El objetivo del trabajo clínico apunta a una armonización entre los ritmos corporales y los ritos simbólicos que estructuran la vida de una persona. Los cuerpos "saben", un saber que no precisa ser traducido para ser legitimado. El cuerpo expresa de forma fenomenológica los tropismos, los posibles y también los límites que lo estructuran. Se trata, entonces, de encontrar para cada paciente un equilibrio conflictual, donde los *ritos*, sean estos sociales, culturales, familiares, al igual que los relatos que los acompa-

[8] Para una explicación de ese concepto, véase Benasayag, Miguel, *Organismes et artefacts. Vers la virtualisation du vivant?* La Découverte/Jean-Paul Bayol, Paris, 2010.

ñan, mantienen una relación dinámica con los *ritmos* orgánicos con los que se articulan. En resumen, más que encontrar las "palabras para decirlo", los "gestos para hacerlo".

Después de un período difícil lleno de muchos silencios, Laura, una paciente de treinta y cinco años, comenzó a evocar, de manera confusa, un ambiente familiar violento en su infancia, y hablaba de sensaciones corporales. Lo que intentaba relatar convergía siempre hacia descripciones de sensaciones de cuerpos bloqueados, como encarcelados. Sin embargo, no conseguí ver más nada ni más claro que eso. En todos los casos, en su vida de mujer adulta, todo le remitía a esa experiencia de inmovilización. Se sentía —para decirlo con exactitud— "interdicta". Toda esa experiencia que siempre describía como corporal, trababa el desarrollo de nuestro trabajo; pero un día apareció en la sesión totalmente feliz: contó que había visto en un festival artístico, por primera vez en su vida, un espectáculo de danza contemporánea. En su medio cultural este tipo de manifestaciones artísticas le habían sido vedadas. Ella describió a las y los bailarines como la imagen misma de la felicidad y de una inmensa plenitud. Luego de esto, nuestras sesiones continuaron el ritmo aburrido de siempre, hasta que un día le dije que me parecía que habíamos equivocado nuestro camino: no siendo yo ni coreógrafo ni bailarín, no era yo con quien ella iba a poder florecer. Desde ese momento, las sesiones siguientes estuvieron dedicadas a buscar los posibles cursos de danza contemporánea en su zona. Ella inició el curso con una ex bailarina devenida en profesora y me habló largo y tendido de danza contemporánea durante nuestras últimas sesiones. Luego, de mutuo acuerdo, decidimos poner fin a la terapia. Continué teniendo noticias regularmente: a pesar de su tardío debut en la danza, esta actividad se había vuelto el centro de su vida, si bien lo hacía de forma amateur. Un día, cuando vino a visitarme, hablamos de nuestro penoso intento de psicoterapia, que desembocó en un momento de complicidad: ambos habíamos comprendido que no había nada que comprender, y que su cuerpo había encontrado la vía para el despliegue de su potencia. Su desarrollo, en tanto que persona, se debía a su emancipación de la trampa de la comprensión a cualquier precio de la complejidad existencial de su vida.

Revisitar la vieja cuestión de la relación cuerpo/espíritu

Vinculada al lugar que la terapia situacional reserva al cuerpo está la cuestión de qué puede hacer el *psi* con los apasionantes avances de las neurociencias, gracias a los descubrimientos de los estudios por imágenes de la medicina respecto del funcionamiento cerebral y de la bioquímica del cerebro. Como todo conocimiento de base, el relativo a los circuitos cerebrales es de tipo performativo, porque cambian el dato. Sin embargo, la medicina —y en particular la psiquiatría—, en su potente capacidad para descubrir funcionamientos biológicos, circuitos y los procesos, ha culminado por construir las representaciones de los *órganos sin cuerpos*, perdiendo de vista la unidad que constituye la vida. Por lo tanto, solo ver en los nuevos conocimientos de la neurofisiología un peligro para las teorías que aspiran a la comprensión de la *psiquis* humana, como insisten algunos psicoanalistas, sería un grave error. Por supuesto, es importante tomar en cuenta con prudencia los descubrimientos de las neurociencias, ya que rápidamente se emplean y manipulan —incluso se falsifican— al servicio de las terapias modulares reduccionistas. Pero sería un absurdo ignorarlas, porque desde el punto de vista de la terapia situacional, *psiquis* y cerebro no forman dos continentes que se disputan la primacía, sino el sustrato del que puede emerger el sentido y la unidad, *situacionalmente*.

Los órganos, como tales, no forman parte del cuerpo, porque no producen unidad: la amígdala o el conjunto de los núcleos cerebrales no fabrican estados afectivos, ni el cerebro *piensa*. Pensar, así como experimentar estados afectivos o simplemente elaborar mentalmente algo, es la resultante de combinatorias en buena medida autónomas, de las que el cerebro "participa". Las relaciones entre cuerpo (sustrato) y espíritu (combinatoria) deben ser consideradas, a la vez, como de *captura* y *participación*. Para desarrollarse, el pensamiento captura —entre otros— a los cerebros, los cuerpos, el contexto, etc., y al mismo tiempo los elementos de este sustrato participan en la combinatoria del pensamiento. Así, pasamos del imaginario "Yo pienso" a un más verosímil "*Eso* piensa, *algo* piensa". Aunque suene paradojal para el individualismo subjetivista contemporáneo, lo mismo sucede con sus efectos: pasamos del imaginario "Yo siento" a un más concreto y despersonalizado "*Eso* siente, *algo* siente".

¿En qué se distingue esa visión de la relación cuerpo/espíritu de las explicaciones que ofrece el reduccionismo dominante? En que para este no hay unidad alguna bajo la forma de un todo o de cualquier singularidad: solo hay procesos sobredeterminados. En neurofisiología, por ejemplo, se dirá que existen circuitos y "órganos" encargados de producir la ilusión de una unidad, pero se trata más de una cuestión de '*monitoring*', es decir, de un órgano más que al controlar uno por uno todos los órganos, procurará determinar las fallas y dar una impresión de unidad. El monitoreo será una parte agregativa más. En la otra perspectiva, con la idea de una relación de *transducción* entre las instancias biológicas y las dimensiones simbólicas y culturales, podemos comprender a los dos sistemas funcionando cada uno de manera autónoma, pero ligados por una relación de interdependencia; de ahí la unidad orgánica del cuerpo puesto en situación, en su relación con el ambiente, con su historia y con la *longue durée* de la especie.

Eso explica por qué en la terapia situacional, las informaciones neurofisiológicas deben ser tomadas en cuenta tanto como las relativas a la historia personal, familiar y social del paciente. El terapeuta debe reconocer que todas esas informaciones —biológicas y simbólicas— se inscriben en un zócalo más profundo que la palabra (más o menos) espontánea de su paciente, pues entre cerebro y *psiquis* existe un conjunto de lazos irreversibles, propios de la temporalidad del ser vivo.

¿Qué hacer con la negatividad?

Finalmente, la terapia situacional debe enfrentar el desafío de la negatividad. Como vimos, la conquista del campo del sufrimiento y de la ansiedad a manos de la patologización de la vida se convirtió en una de las más significativas causas de la fragilidad de los individuos y de las culturas. Se trata, por ende, de reconquistar el terreno del sufrimiento existencial, es decir, las *fallas* fundantes y necesarias para que exista la potencia de actuar. Sin embargo, estos no son "desperfectos" técnicos a abordar en su aparición sincrónica, sino lo que permite que la luz pase: es a partir de esas *fallas* que las singularidades concretas pueden realizarse y existir. En la terapia situacional el concepto de falla está ligado al *dato* de cada uno o cada una, constituido por la combinación de su historia personal y de su inevitable inscripción en los tropismos de la época. Sin cambiar la esencia, este dato puede ser relativizado por los encuentros y la profundización de una vida. En todo caso, no se trata de aspirar a eliminar la negatividad.

En la tranquila y apacible vida que viven los países centrales, a pesar de los problemas cotidianos de ciertas minorías, hay un modelo de vida mayoritario y por ende, identificatorio. Eso es lo propio de toda civilización. Hoy en día, la burguesía propietaria que vive en el confort exige amabilidad, silencio y armonía en los alrededores. Se espanta frente a la grosería, o la más mínima 'incorrección' de cualquiera que no sea de su mundo. Pero cada hogar confortable, acogedor y limpio donde sus moradores se hablan con gentileza reposa sobre una montaña de horrores e injusticias.

Mi experiencia en las prisiones de la dictadura argentina de los años 1970 me ayudó a comprender cómo aquellos hombres y mujeres tranquilos, de trato amable cuando todo funciona según su orden, pueden convertirse en bestias feroces cuando ese orden es cuestionado. Con los ojos vendados, detenido en un centro de tortura, escuchaba las conversaciones de los verdugos. Comprendí también cómo personas corrientes pueden deslizarse hacia la barbarie. Pero eso no significaba que me hubiera graduado como "buena persona". Todo lo contrario: durante cuatro años, pensé en lo que iba a pasar si me torturaban de nuevo: ¿podría aguantar? ¿Me convertiría en una sombra de lo que fui? Por eso, cuando unos cuantos años más tarde un amigo me dijo en un bar de Buenos Aires "¡Pero no cantaste bajo tortura!", yo le respondí con absoluta sinceridad: "*Todavía* no...". A decir verdad, la barbarie, la fragilidad que nos pone "en la vereda de enfrente" no es una prerrogativa de algunos canallas con patente. *Desconfiar de uno mismo* es lo importante. ¿Cuántos héroes de la Resistencia francesa se convirtieron en torturadores en Argelia? Y en Nicaragua, lo mismo. Camaradas con quienes habíamos compartido la lucha armada que encontraron buenas razones para devenir en opresores. No ser un bárbaro no se consigue una vez y para siempre. Y esto tiene que ver con la posibilidad de desconfiar de sí mismo, de no identificarse con un rol al punto de creer que el mal es siempre el otro.

Muy lejos de esas circunstancias históricas, aprendí a través de mi experiencia clínica que los hombres y las mujeres más normales pueden devenir en unos bárbaros en la vida cotidiana, que crean situaciones de violencia y de una perversión extremas, pero que a la inversa de mi historia, eso ocurre puertas adentro de sus hogares. Ese vecino tan correcto que uno ve pasar, ese, sí, tan educado, puede ser extremadamente peligroso, porque ellos creen que la barbarie siempre son los otros y que su cortesía sería una especie de vacuna contra la barbarie. Lo veo como una cuestión dual: lo que muestran y lo que podrían hacer si sus intereses o sus grillas de comprensión fueran cuestionados. Esas 'personas normales' no dudarían un segundo en pisar a sus prójimos, inclusive si fueran de su familia.

La ficción de un mundo cortés, creada por los aristócratas y los burgueses, y los comerciantes o banqueros, con la pretensión de frenar la negatividad y la barbarie, es una de las imágenes más repulsivas cuando se reprimen. En la terapia situacional, lo que importa es ayudar a la/el paciente a conocer lo mejor posible su propia negatividad, al punto de que pueda decirle a la persona que ama: 'Deberíamos sospechar de tal y cual rasgo de nuestro carácter'. "Desidentificarse" de sí mismo puede ser la vía hacia una integración orgánica de lo negativo, pero no solo para no ceder a ella, como el cínico que acepta que es un cretino y por eso disfruta más, sino, por el contrario, para que la negatividad reprimida no acabe por ocupar todo el espacio.

Esta resistencia es una cuestión cotidiana, de asimetrías que se nos presentan en cada situación en la que participamos. Es un desafío para quienes practican la terapia situacional. ¿Cómo ayudar a su paciente no ya a solucionar todas sus 'fallas', sino a identificar las asimetrías situacionales y hallar los agenciamientos que le permitan evitar no caer en el goce bárbaro de la vida cotidiana? Recapitulando: para cada una y uno de nosotros, lo que cuenta es la situación o *las* situaciones presentes en las que participamos. De ahí la importancia de ayudar a cada paciente a desidentificarse de sus roles esclerosados. Más allá del hombre o la mujer resentidos, que se la pasan gimoteando y criticando a sus amistades, e incluso decepcionados consigo mismos, lo que hay que explorar son los posibles de cada situación presente. El objetivo, en ningún caso, es que ese hombre o esa mujer sean ejemplares, sino ver cómo, con lo que somos y lo que son los otros, podemos en cada situación tender hacia la potencia y la alegría.

Uno de los rasgos del sufrimiento psíquico contemporáneo, tal como vimos en la primera parte, es esa tristeza diseminada en la cual el individuo constata la erosión de sus vínculos con los otros, sin percibir —la mayor parte del tiempo— cuánto se han erosionado sus propios lazos internos, en el individuo. La demanda neurótica permanente "Los demás no están a la altura, yo no estoy a la altura", lo hunde en una trampa narcisista subjetiva en la que el *feedback* ocupará todo su tiempo vital. La terapia situacional apunta, al contrario, a permitirle reconocer que el desarrollo de la vida exige que la relancemos en cada nueva situación. Es por lo que debemos abandonar el modelo que nos hace interpretar cada situación dentro del esquema modelo/solución para pasar a la posibilidad de 'asumir' cada situación.

8

La 'cocina' del terapeuta

Una vez contextualizada la problemática de la clínica *psi* en una época, y sus desafíos y exigencias, es útil pasar a algunas consideraciones sobre la clínica concreta. Los siguientes puntos, sin embargo, no constituyen una guía práctica, sino algunos elementos del 'cajón de herramientas', o una suerte de 'cómo navegar en tiempos difíciles'... Lejos de cualquier dogma hay que tomar estas reflexiones como una invitación a compartir más de cuatro décadas de experiencia clínica, sabiendo que ni un solo día me he dejado de preguntar "¿Pero qué estoy por hacer? ¿En nombre de qué intervengo en la vida de esta persona?". Cuando era joven eso me pesaba mucho y me lo reprocharon en el servicio de psiquiatría en el que trabajaba, pues, decididamente, nunca tuve el aire respetable y doctoral de esos colegas que, tras haber verbalizado solemnemente su profesión, parecían regocijarse en el temor que eso provocaba. Con el paso de los años, esto se convirtió en un motivo de alegría... Porque sé que el trabajo terapéutico es algo demasiado serio como para que el terapeuta se tome en serio a sí mismo.

Hay un nuevo paciente que viene a visitarnos...

En línea con el principio de acoger una singularidad, yo trabajo con la convicción de que la relación con el paciente es un *encuentro*, que va más allá de la acogida psicoanalítica. Toda pretendida 'neutralidad' debe ser dejada de lado, porque el terapeuta no es una 'máquina' que puede, digamos, tratar los males del paciente. Es un hombre o una mujer muy concreto/a, con signos externos que permiten al paciente ver de qué se trata y que debe corresponder a los de la presentación del paciente 'como tal', no por la enunciación que haga de sus síntomas, su discurso de *por qué* ha venido a la consulta, sino cómo vive, cuáles son sus gustos y aversiones.

Una anécdota para explicar esta cuestión de la pretendida 'neutralidad' del terapeuta, sostenida como esencial por la doxa psicoanalítica. En una ocasión, una psicoanalista vino a mi consultorio, enviada por una 'honorable' profesora que ya no deseaba atenderla; en una suerte de transición, ella continuaba viéndola, mientras me 'adoptaba'. Así, supe que la querida colega consideraba 'inaudita' la presencia de un saxofón en mi consultorio: desde su punto de vista el instrumento traicionaba toda neutralidad decorosa. Sucede que yo conocía bien el departamento y el consultorio de Doña Ortodoxa: 350 metros cuadrados, a pasos de la Embajada argentina, en el *XVI arrondissement*[1] de París, y cualquiera de sus adornos alcanzaría para comprar una docena de saxofones. En su caso, la 'neutralidad analítica' era más bien mostrar a los pacientes la imagen de una norma social identificada con la riqueza *chic* de los privilegiados en el poder. Volvamos. Entonces, en la acogida de un nuevo paciente, la/el terapeuta no debe ser representante 'neutro' del poder, ni un experto/a 'de la vida', sino un hombre o una mujer que, por su propio recorrido, puede acompañar a sus pacientes durante un cierto tiempo, breve, o más prolongado. Pues más que una 'cura', la dimensión terapéutica da cuenta de una abertura de una nueva dimensión en la vida para ambos, el tándem que conforman terapeuta-paciente.

A la liberación razonada del dogma de la 'neutralidad analítica' corresponde la práctica de no redactar una minuta detallada de cada sesión, lo que no impide, evidentemente, anotar ciertas ideas, una frase, o dos. Porque lo importante, para el terapeuta no es armar un 'dossier' sobre cada uno de sus pacientes, sino concretamente poder hacerle un lugar en su ser y en su cabeza. Algo similar a lo que sucede con un pariente o un amigo: yo no me acuerdo de todos los detalles de la vida de mi prima, cómplice de mi adolescencia, de la que casi olvidé su existencia. Pero cuando la vuelvo a ver, años después, resurgen en mi conciencia no las fichas de su historia clínica prolijamente ordenada en la computadora, sino las trazas y las marcas de antaño que per-

[1] Los barrios parisinos se denominan *arrondissement*, y llevan números cardinales. El número XVI se ubica entre la Torre Eiffel, el río Sena y el Bois de Boulogne, en una zona privilegiada (NdeT).

miten la reconstrucción de una relación. La memoria, en verdad, funciona por la escultura y el olvido, porque no hay razón alguna para conservar en la memoria una cantidad de datos que eclipsan la dinámica de la relación. A menudo me sorprendo cuando al retomar el contacto con una/un ex paciente, en medio de una sensación borrosa donde convergen olvidos y afinidades, emerge claramente un sueño que me contó quince años antes. Es que ese sueño constituía la piedra angular a partir de la cual nosotros pudimos revisitar su problemática y su historia. Es en la interfaz común, no en la pureza bestial de un disco rígido, donde habíamos construido juntos.

Por lo tanto, la relación del terapeuta con sus pacientes no es ni neutra ni inscribible en un disco rígido, ni tampoco fundada en una asimetría radical. El otro está ahí para que yo intente ayudarlo. Debe poder confiar en esa estructura asimétrica en la que, por una casualidad de la existencia, alguien se presta a estar ahí para el otro. En todos estos años de trabajo terapéutico, me ocurrió —si bien raramente— encontrarme en situaciones donde esa asimetría estructurante estaba en peligro. Puede suceder en la medida en que, en la terapia situacional, los pacientes y el terapeuta están "a bordo", no en el mismo lugar, pero sí en el mismo barco. Y entonces un paciente puede tornarse un poco demasiado amigo, o incluso me ocurrió querer ayudar por demás, en el sentido material, a un paciente que atravesaba un momento difícil de su vida. La mayor parte de las veces la asimetría se pudo mantener, pero lamento la ocasión en que la asimetría quebró el rapport terapéutico. En varias ocasiones he dado dinero a pacientes de quienes, sabía, estaban con dificultades económicas. A veces podíamos seguir trabajando, y otras veces el otro se iba sin que volviera a verlo... Aun en este último caso, quedé tranquilo, porque el beneficio de la terapia siempre es hipotético, mientras que el dinero que di fue una ayuda más certera. El terapeuta se expone, así, a un riesgo cuando acepta hacerse presente en la relación, pero de un modo general, su estabilidad psicológica es suficiente para preservar la asimetría.

La pregunta por la verdad fáctica

Hay una pregunta recurrente en el trabajo psicoterapéutico, es la del *estatuto de la realidad*. En las terapias conductistas o puramente medicamentosas, la única realidad que cuenta es la llamada 'exterior', y es por ello por lo que esas terapias centran sus esfuerzos sobre las posibilidades adaptativas del paciente a su entorno, sea el que fuere. La filosofía implícita en esa perspectiva clínica va en el sentido de la afirmación de que la única verdad es la realidad social, económica, y, sobre todo, normativa y adaptativa. En las llamadas terapias psicoanalíticas conocidas como 'profundas', la única realidad de la que se ocupan los terapeutas es una pretendida realidad psíquica interior, para la cual el mundo, la historia, la sociedad, son —en el mejor de los casos— un decorado, pero sobre todo un ruido en el sistema. Para esta posición, la verdad es siempre de y para el sujeto singular. Siempre recordaré esta explicación de un eminente psicoanalista argentino que trabajaba en París: aunque se hubiera 'demorado' por un bombardeo, el retraso del paciente en llegar a la sesión con él, correspondía a su verdad interior. Durante los años de la dictadura, una explicación semejante había servido bastante a mi compatriota —como al conjunto del movimiento lacaniano en Argentina— para ocuparse con responsabilidad de la verdad psíquica de sus pacientes sin perderse en vagas fantasías de resistencia (o de otro Edipo antifascista no resuelto que justificaba una colaboración soft y chic).

En la terapia situacional, esta división sofisticada entre realidad psíquica y realidad exterior no tiene lugar. Como vimos, una *situación* es siempre un cruce de fuerzas, tendencias y realidades, en el que el común no divisible se manifiesta en la situación como singularidad. Una vez más, sigo a Spinoza, para quien no existe una situación universal: el común, el todo, se manifiesta completo en cada situación singular. Una colega lacaniana, hablando de pacientes perversos, me preguntó una vez cómo podía pretender saber si alguien que me hablaba de violación de menores estaba hablando de otra cosa que de *su* realidad psíquica. Y agregó que, si yo era un verdadero terapeuta, no debía entender en ese discurso otra cosa que la manifestación de una fantasía. Eso, para mí, fue una revelación: no soy un terapeuta lo suficientemente bueno como para ser indiferente a si, después de la sesión, mi paciente *realmente* va a violar niños. Sucede que en la terapia situacional, que se violen niños, que se torture o que se expulse a los sin papeles no son informaciones fuera del encuadre, solamente integrables en la arquitectura fantasmática del paciente.

¿Esto significa que la terapia situacional debe asociarse a un detective privado que pueda informarle sobre las actividades de los pacientes fuera de la sesión? Claramente no. Hace unos años, una paciente a la que llamaremos Martina, me hablaba de sus actividades nocturnas. Esta joven, muy agraciada, se divertía yendo después de la medianoche a bares más o menos turbios donde, según su descripción, bebía una fauna masculina particularmente inquietante. Ella se presentaba en esos bares, según contaba, vestida de forma 'sexy', y luego de calentar a algunos de esos hombres, entre los parroquianos del bar, se iba con uno de ellos hasta la una o las dos de la madrugada. Ella les permitía besos y caricias, pero cuando la cosa llegaba 'ahí abajo', plantaba al hombre en la puerta y se refugiaba en su apartamento. ¿Qué se hace con un relato así? Si Martina relataba una fantasía más o menos masturbatoria, era solo el principio de un proceso destinado a desvelar a qué fantasma se refería. Pero en lo que a mí concierne —no siendo un controlador oficial de fantasías—, analizar el fantasma no me parecía muy interesante. Por cierto, exploramos con Martina qué significaba, a qué le remitía y por qué ella volvía inevitablemente en cada sesión sobre ese relato. Se trataba, sin duda, de un fantasma, pero si por casualidad Martina real y *verdaderamente* se divertía excitando a los hombres, solo para abandonarlos a las dos de la mañana, estaba claramente poniéndose en peligro. Entonces, ¿dónde estaba la verdad? ¿A qué *realidad* hacía referencia su historia?

Desde el punto de vista de la terapia situacional, la respuesta es que realidad y verdad no se tocan *más allá de la situación de la sesión*. En otras palabras, Martina le estaba diciendo a alguien que, en principio, quería protegerla, que no podía dejar de ponerse en peligro. Esta puesta en peligro remitía a elementos de su historia de vida, que habíamos explorado juntos. Pero al cabo de un tiempo, viendo que no salía de la repetición, le dije que no sabía si la historia de esas expediciones nocturnas era cierta, pero que si lo era, no estaba de acuerdo con seguir escuchando que se ponía en peligro sin poder hacer nada para protegerla. Le dije que la 'verdad' para nuestro trabajo era que ella me colocaba en una posición arriesgada, y que ante la mínima posibilidad de que ella se pusiera realmente en peligro, yo no podía continuar recibiéndola. Porque yo no dudaba que ella se estaba exponiendo. Parar este trabajo me pareció la posición más terapéutica tomando en cuenta todos los datos. Me parecía importante que supiera que, incluso para alguien que quería protegerla, *no todo era posible*. En esta interrupción de la terapia se unían las dos dimensiones, la psíquica y la social, con una respuesta que ya no necesitaba saber por dónde pasaba el eje de su relato.

Podemos definir la verdad situacional como un centro de gravedad *dinámico*, que en cada situación se manifiesta como una 'asimetría' situacional.

La 'verdad' no depende de una suma de informaciones, ni exteriores ni interiores: pretender actuar teniendo en cuenta solamente las informaciones de la realidad psíquica o solamente las de la realidad exterior constituyen dos caminos hacia el fracaso. La única posibilidad de comprehensión está dada *en las situaciones presentes donde las asimetrías se manifiestan.* Toda hermenéutica de la vida psíquica tiende no solo a pasar por alto la relación del paciente con el mundo, sino también a enmascararla.

¿Qué quiere decir curar?

Un día, un colega lacaniano me hizo la siguiente observación: "Es bizarro que quieras que tus pacientes mejoren". En otra perspectiva, la psicología conductista y el uso de los medicamentos responden "muy bien" a la pregunta, como lo haría un vendedor de pizzas ante un cliente que, insatisfecho con la que pidió, le prepara inmediatamente otra. La cuestión que se le plantea al terapeuta *psi* es la siguiente: ¿qué hacer si un paciente consulta por su fobia? ¿Responder simplemente a su demanda y desentenderse? ¿O explicar que la curación no tiene sentido desde un punto de vista psicoanalítico? El tema es saber qué quiere decir curar. Si la fobia desaparece, ¿el individuo, entonces, mejoró? ¿Puede él mismo, racionalmente, saber qué significa 'ir mejor'? Y, además, que el individuo 'vaya mejor', ¿es garantía de progreso global? En un mundo de individuos serializados, la ayuda psicológica, ¿no termina ayudando al individuo a tornarse un bárbaro aún más potente?

Para la terapia situacional la curación debe concebirse más modestamente, como una ayuda para acompañar al paciente en su camino, que lo llevará a conocer y asumir los múltiples conflictos que lo constituyen y que configuran su 'destino', en el sentido de líneas de fuerza y tropismos que lo atraviesan, no por la acepción teleológica del término (ver lo tratado en los Capítulos 2 y 7). El destino no es la fatalidad y, muy por el contrario, es al intentar escapar de ella que escapamos de lo que somos, que vuelve a nosotros como una fatalidad. No todos los cambios son posibles, pero muchos se hacen posibles a condición de que aceptemos las invariantes ligadas a la situación inicial.

Esta idea, evidentemente, no es muy aceptable para la ideología dominante de la época posmoderna, que paradójicamente vio a los pensadores neoliberales retomar y proyectar la vieja doxa progresista de que *todo* debía poder cambiar. Ciertas corrientes de izquierda también siguen equiparando la "libertad" con la ceguera respecto del rol del punto de inicio. Por supuesto, entendemos por qué Eugène Pottier en la Comuna de París de 1871 escribió *La Internacional*, donde afirma que "el mundo va a cambiar de base". La luz y el espíritu de ese texto mantienen su potencia, pero su letra no. Quedó claro que afirmar que todo puede cambiar siempre implica pretender que *nada existe*, porque para que algo o alguien cambie, es necesario que algo se mantenga 'detrás' del cambio. Si todo es posible, entonces, nada es real.

Es por eso que en el trabajo situacional, la curación pasa por la identificación de las "invariantes" que nos constituyen. Puedo actuar de un modo contrario a una invariante que me es propia, pero solo si la conozco bien. Eso pasa con los inventos técnicos. Por ejemplo: el hombre es un animal que no vuela, y para que un millón de personas sean transportadas por aire, los ingenieros aeronáuticos debieron tener en cuenta la invariante 'animal no volador'. Del mismo modo, en el trabajo *psi*, la 'curación' pasa por la asunción conflictual de esta tensión entre invariante constitutiva y producción de cambios.

Dicho esto, la terapia situacional no aspira a una curación en el sentido de *eliminación de lo negativo*, sino más bien a algo que no debería llamarse curación, y que consiste en la *integración orgánica de todos los elementos que componen* al paciente que sufre. Como vimos, la ilusión de "yo soy *yo* solo cuando estoy bien", amputa una parte de su capacidad de actuar (ver el capítulo anterior). Las promesas de 'ir bien/estar bien' a cualquier precio culminan cada vez más en una vía hacia la "salida del yo". Puede decirse que, en ciertas situaciones difíciles de la vida, parece deseable salir del yo, no en el sentido de un suicidio, sino de una puesta en orden de la vida en relación con los ejes exteriores a sí. Pero la ética y la apuesta de la terapia situacional se centra en la asunción de sí, como único camino hacia la potencia y la alegría.

El objetivo del terapeuta es ayudar a los pacientes a alcanzar una estabilidad, pero esta *debe estar lo más lejos posible del equilibrio*. Volveré sobre este punto. "Tengo una fobia" actúa para el paciente como una verdad equilibrada y estable, una certeza, aunque sea la "dulce certeza de lo peor".[2] Lo mismo sucede con los acontecimientos aparentemente irreversibles y esculpidos en el mármol de la historia del paciente. Recibo a Juan, un hombre de cuarenta

[2] Véase: Benasayag, Miguel et Charlton, Édith, *Cette douce certitude du pire*, La Découverte, Paris, 1991.

y cinco años, profesional, que en la primera sesión relata el triste deceso de su madre cuando él tenía cinco años. Juan deriva de ahí sus tristezas, síntomas y dificultades en la vida. Todo gira en torno a eso que parece una roca inamovible: la muerte temprana de su madre. Esto es lo que parecería ser un punto incuestionable en su vida, porque es absolutamente irreversible.

Sin embargo, desde un punto de vista situacional, la evocación triste del deceso de su madre, en realidad debe comprenderse como la manifestación de una tristeza *actual*, que para expresarse, toma la forma "Mi madre murió cuando yo tenía cinco años". La terapia situacional —como la fenomenología— sostiene que esto no es cierto: un acontecimiento del pasado, tan fuerte y traumático, constituye siempre un elemento de base de la situación actual, y no la resultante que da sentido a la situación. En una situación de alegría y de potencia, podemos imaginar que el recuerdo de la muerte de la madre pueda devenir un 'elemento más'. "Mi madre murió precozmente y la vida continúa" puede comprenderse como una 'pacificación' del paciente que al permitirle partir a su madre, le permite también no ser un alma en pena. Esa pacificación podría tomar la forma de "Tú puedes partir, mamá, yo amo la vida que me diste, y sería óptimo que tú estuvieras aquí para celebrarla, pero tu partida, sábelo, no ha quebrado a tu hijo".

Una fobia o un recuerdo doloroso nunca se 'eliminan' o 'borran'; el objetivo es salir del punto de equilibrio patológico donde el paciente los había colocado, para reinscribirlos en una multiplicidad acorde a la potencia. Cuando un paciente dice a su terapeuta: "Tengo una fobia", "Tengo una pérdida irreparable", queriendo, implícitamente, significar: "No hay nada que usted pueda hacer al respecto", la verdad es que el terapeuta puede cambiar *absolutamente* la función de ese síntoma, pues en tanto que el paciente está vivo, la cuestión del sentido de los recuerdos y los síntomas de su vida no se obturan jamás.

La "verdad" no está en el sufrimiento, sino en la potencia de la vida

En Occidente, tan influenciado por las religiones monoteístas, el sufrimiento es muy valorizado. Basta ver a ese judío que, después de 2000 años, sufre clavado en una cruz... La alegría y el buen humor, en las sociedades occidentales, terminan colocadas del lado de la estupidez, mientras que el dolor y el sufrimiento son 'lo serio', lo que merece respeto y compasión. Así, en un mundo desconcertado, el sufrimiento toma incluso ribetes de verdad: "Sufro, entonces soy". Hay una idea casi judicial del sufrimiento: hacer pagar por el sufrimiento sufrido. Alguien, en algún lugar, debe ser responsable por lo que yo sufrí, y podrá explicarme el secreto profundo de por qué yo he sufrido. El psicoanálisis ha abrevado demasiado en esta fuente. Su angustia, su tristeza, su callo plantar... son razones profundas que hace falta conocer, hacer conocer y hacer respetar. Como ya explicamos, en Europa es habitual evocar los sufrimientos de los abuelos en la Segunda Guerra mundial para buscar una suerte de salida ontológica que no falla. Numerosos pacientes llegan convencidos de que deben volver una y otra vez sobre los sufrimientos para encontrar un sentido a su vida.

La psicoterapia situacional se propone lo contrario: la alegría y el acto. Gilles Deleuze decía que la tristeza es lo que tenemos en común los oprimidos y los opresores. Los tiranos precisan de hombres tristes para establecer su opresión, y los hombres tristes del tirano para justificar su tristeza. Que millones de hombres y mujeres sufren sin hallar la fuerza ni los medios para rebelarse es una triste realidad; la única noticia remarcable es que una minoría de ellos, se rebela. El amor, la rebelión, el pensamiento, la creación artística: eso es lo identificable. En la terapia situacional, se trata de poder decir "dado lo que es, ¿qué podemos hacer?". Como hemos visto, independientemente inclusive de las características de *lo dado* del paciente, lo único importante es esto que está dado. Es por ello que el punto de partida de la 'cura' está constituido por un presente denso y profundo en el cual nos será posible analizarla.

Se podrá objetar, con toda razón, que la persona, siendo quien es, prefiere quedarse en el goce de la repetición. Un credo de la terapia situacional, sin embargo, es que la *potencia de vivir* de la que hablaba Spinoza no es otra cosa que aquello que escapa a la repetición, y que siempre está presente. Mismo si está muy reducida, el trabajo será buscar con el paciente con quién o con qué él puede asociarse, para que con esa falla potente él pueda ser capaz de participar en otra cosa que en su síntoma egocentrado. Precisamente por ello, la terapia situacional se centra en la búsqueda de las posibles tangentes: "Excepto repetir, ¿qué otra cosa puede hacer el paciente?". Y la respuesta es que puede, como vimos, dejarse 'capturar' por la combinatoria de la vida (ver el capítulo anterior).

Para el/la paciente, la dificultad de escapar a la repetición suele estar ligada al poder de los modelos normalizados de felicidad, que exigen vivir en pareja —de preferencia heterosexual—, tener hijos o acceder a cierto nivel de consumo.[3] El terapeuta debe ayudar a emanciparse de esas imágenes identificatorias de felicidad, con el fin de que ella/él encuentre *su* camino hacia la alegría y la potencia. Ese paciente, su don y sus sobredeterminaciones siendo las que son, no está hecho —por ejemplo— para vivir en pareja, o tener un vehículo 4 x 4 o un crédito hipotecario. La primera parte del trabajo consiste en permitirle romper las cadenas que lo atan a esa normalidad disciplinaria, pues toda repetición está vinculada a un incumplimiento programado respecto de las imágenes dominantes. La terapia situacional consiste mucho menos en ver cómo alguien puede vivir en la norma de 'estar en pareja' superando esa repetición que le lleva al fracaso, que a ayudarlo a renunciar a esa imagen normalizadora para que pueda navegar hacia su geografía interior. Eso supone, también, ayudar al paciente a tolerar cierta dosis de angustia que acompaña necesariamente cualquier proceso de emancipación. En síntesis, si antes debíamos batirnos para liberar a los locos del enfermante hospital psiquiátrico, hoy se trata de ayudar a las personas a liberarse de la tiranía de la norma.

¿Para qué sirve la toma de conciencia?

Como decíamos, el trabajo en la terapia situacional se estructura como una *búsqueda compartida*: para el terapeuta se trata de comprender cómo funciona el paciente, en una búsqueda común con él. El psicólogo no es un "sujeto supuesto a saber"; aporta un punto de no-saber en el aceitado dispositivo de la patología. "Vamos a investigar juntos", esa es la invitación. Lo que diga da cuenta de una serie de hipótesis, nunca una "interpretación" de la cual él tendría el secreto. Por ello, aparece la pregunta del supuesto rol de la "toma de conciencia" del paciente en la cura, lo que se vuelve en realidad un problema cuando se comprende que ser consciente de las causas de un sufrimiento psíquico no resulta, salvo excepciones, en una "mejora". Esto se debe a que la conciencia no es una instancia capaz de desencadenar una

[3] Véase: Benasayag, Miguel et Charlton, Édith, *Critique du bonheur*, La Découverte, Paris, 1989.

acción. Toda decisión consciente, por el contrario, es una forma narcisista de enunciar el hecho de que estamos por hacer esto en vez de aquello.

Incontables ejemplos ilustran esta problemática. Un fumador, un adicto a las drogas o un alcohólico frecuentemente son más expertos que el terapeuta sobre los pros y contras de su dependencia, lo que no les impide continuar, más bien al contrario, porque la amenaza fascina y atrae. Y ahí es que debemos colocar la pregunta ¿de qué sirve en el trabajo terapéutico buscar conocer la "geografía interior" del paciente, su forma de funcionamiento? Un elemento importante de la respuesta es que el pensamiento no es la conciencia, sino un proceso, un trabajo siempre compartido, del que eventualmente participa el terapeuta. Decir que el pensamiento desborda la conciencia es un eufemismo; el pensamiento percibe la conciencia reflexiva como un detalle dentro de un dispositivo complejo. La articulación de una persona con el pensamiento opera un efecto de singularidad, ligando un cuerpo a una experiencia y una historia, un cuerpo que piensa a su manera, con una combinatoria autónoma. Lo interesante es el cruce entre su "estar-en-el-mundo" corporal y las múltiples dimensiones de la cultura (la lengua, la historia, etc.). Esta interfaz es accesible con un trabajo de pensamiento y de exploración, donde el rol de la conciencia reflexiva se asimila, frecuentemente, a un eclipse: la conciencia reflexiva oculta fragmentos enteros del trabajo del pensamiento. Pero *pensarme* no es reducible al pensamiento reflexivo, lo incluye, como una pequeña parte. Pensarme comprende otras dimensiones que las de mi persona.

De ahí que la terapia situacional, lejos de la conciencia o del inconciente, es una producción de conocimiento y de pensamiento, que tiene en cuenta las diferentes potencias que pueden hacer del paciente una singularidad. Reiteremos: una singularidad es el común en acto, así como el común es una singularidad en potencia. La terapia situacional busca los caminos para el devenir singular de la persona humana.

¿Cómo ayudar al paciente a 'estabilizarse'?

Sucede con frecuencia que los pacientes confunden lo que llamaríamos una relación con una etiqueta. Dicen "Yo soy amigo de Pablo"; o bien "Yo estoy en pareja con Lili". Una vez llegados a eso, es como si dijeran "Punto y aparte", la etiqueta ya está. Esto me recuerda a los cuentos infantiles que me leía mi madre. Al final de una serie de aventuras, el muchacho se casaba con la chica y el futuro se resumía en "y fueron felices y tuvieron muchos hijos". Recuerdo la angustia que me provocaba. "¿Y después qué pasa?". La imagen un poco de pesadilla que tenía en mi cabeza era que todo el mundo terminaba dentro de una heladera, y que la vida se terminaba. Solo más tarde comprendí que la amistad, el amor y los vínculos son solo los nombres de relaciones conflictuales ordenadas por una exigencia permanente.

Por 'exigencia' no estoy pensando en la caricatura de esas parejas que pretenden "elegirse todos los días", sino una exigencia concreta, por y para la vida, como decía Novalis: "¿Puedes decir que amas al ser amado si no encuentras en él el universo?". Una pareja que no se deja atravesar de este modo se convierte, en el mejor de los casos, en una asociación delictiva. Dentro de lo vivo la estabilidad del organismo es bajo condición de mantenerse alejado del equilibrio. De ahí el "esfuerzo por ser" de Leibniz, o el *conatus*, de Spinoza.

Sin embargo, la tentación de deslizarse poco a poco hacia el equilibrio, hacia un abandono del mundo y sus demandas, no solamente amenaza nuestras relaciones con los otros. Me he visto tentado de preguntar a mis pacientes que procuran encontrar algo interesante, corajudo y bello: "¿Pero tú, cómo eres tú?". La trampa más habitual es intentar de tanto en tanto alejarse del equilibrio mórbido con una pequeña excitación por alguien nuevo. Como terapeutas vemos que cuando la persona se siente un poco más vital, un poco 'alterado' por el deseo, se empeña en buscar a alguien para transformar, lo más rápidamente posible, la tangente deseante en un bucle de repetición. Buscar pequeñas aventuras y la narración repetida de grandes historias, junto con la diversión, es uno de los circuitos mórbidos, incluso patológicos, que atrapan regularmente cualquier intento de desbordar la potencia y la alegría. La tarea del terapeuta situacional reside, entonces, en la posibilidad de ayudar a su paciente a ir hacia un distanciamiento del equilibrio, hacia *la vida*. Esto separa a la terapia situacional de las terapias de gestión que buscan simplemente calmar y tranquilizar al paciente.

Es importante tener en cuenta que la vida de todo organismo vivo —y del humano en particular— no se despliega sobre un único eje temporal. Hay un tiempo medible extensivamente en horas, días, años, y un tiempo intensivo medible por la potencia y las dimensiones desplegadas por el ser humano. Decir que dos horas de tortura no equivalen a dos horas de aburrimiento, de amor o de estudios apasionantes es una banalidad. No obstante, la conclusión que se saca, erróneamente, es que el tiempo es como un recipiente vacío, equivalente para todos esos ejemplos. Se dirá que la diferencia es subjetiva. Mi hipótesis de trabajo, por el contrario, es que el tiempo y el espacio no son envases vacíos para llenar de una manera o de otra. Objetivamente existen dimensiones intensivas de tiempo que hacen que una hora vivida en cierta situación no equivalga a una hora vivida de otro modo. Entre los osos del zoológico que pasan su vida enjaulados y un oso que vive la misma cantidad extensiva de tiempo en su medio natural, la diferencia es que en el mismo tiempo de vida, este último habrá experimentado objetivamente más vida que los enjaulados. *Objetivamente* en el sentido en que referimos al desarrollo de las dimensiones corporales, psíquicas y fisiológicas, que hacen que la diferencia, antes que ser cualitativa, sea, ante todo, cuantitativa.

Como siempre, elegir un ejemplo para 'ilustrar' un principio o eje teórico es una trampa, porque es demasiado reduccionista con relación a la posición existencial que se acaba de exponer. A pesar de ello, podemos hacer la pregunta práctica del "cómo". *¿Cómo buscar con el paciente una estabilidad lejos del punto de equilibrio?* La respuesta es que ocurre todo el tiempo. Se trata de escuchar y de intervenir intentando comprender lo que en el discurso del paciente, es tangencial, lo que va al costado de la vida, del deseo. Ayudar al paciente a no dejarse caer por la pendiente resbaladiza hacia la dulce morbidez que confunde deseo con pequeñas ganas alienadas o, más aún, a no seguir el diktat disciplinario familiar o social. Sobre todo, tal vez, ayudarlo a emanciparse de todas las ideas morbosas de felicidad o de normalidad...

Con su historia, sus repeticiones, sus gustos y aversiones, el paciente siempre expresa algo que remite a esta búsqueda desequilibrante de exploración de posibles de la vida. Teresa, una mujer de mediana edad y madre de una adolescente viene al consultorio porque su hija tiene problemas psicológicos más o menos importantes, y por ella, cuya vida está como congelada; de un modo monótono, hablamos de su historia. A lo largo de la terapia, ella comenzó a sentirse más alegre: secretaria en un importante hospital, probó una aventura erótico-amorosa adúltera. Pero al cabo de un tiempo, eso la aburrió. Y un día, jamás olvidaré esa tarde, esta mujer permanentemente gris dijo en medio de la luz nocturna que caracterizaba nuestros encuentros: "Vietnam". Me sorprendió mucho y le dije: "¿Vietnam qué? Y ella me dijo que no sabía nada sobre ese país, pero que le atraía. Teresa no tenía nada de politizada, ni de una familia de izquierda que hubiera seguido la historia de la guerra de

Vietnam. Pero en esa monótona consulta en un centro de atención en una provincia, ambos estuvimos seguros de haber encontrado nuestra vía de escape. Lo que siguió fue vertiginoso y demasiado largo para detallar aquí, así que vamos a marcar los datos más salientes. De forma absolutamente inopinada Teresa comenzó a interesarse realmente por Vietnam, y a acercarse, por casualidad, a una institución de niños vietnamitas a adoptar. Poco a poco, apareció la idea de adoptar niños de Vietnam. Su marido la siguió, y ambos partieron a Vietnam, para adoptar una criatura. Ahí comienza la verdadera historia de Teresa. Antes de viajar, me dijo que ella quería llamar al niño Paul o Pierre, a lo que yo respondí que más bien tendría la cabeza de Binh o Chinh. Al volver, me contó las condiciones de vida de los chicos en el orfelinato, y paralelamente nos pusimos juntos a estudiar lo que tiende a ser un dato casi generalizado: la inestabilidad, o incluso psicopatología de los niños adoptados en el extranjero.

Esta mujer, sin ningún diploma, y su marido, obrero, comprendieron que un menor no es un individuo desterritorializable a voluntad y que, sin tenerlo en cuenta, podían adoptar en Vietnam o en cualquier parte del mundo. Las horribles condiciones de vida de los niños a la espera de adopción se convirtieron en el tema central de nuestras conversaciones, como el galpón de los "inadoptables", los niños "averiados", algunos de los cuales fueron adoptados y devueltos por familias norteamericanas...

Ahí fue que decidimos con Teresa crear en Vietnam una asociación con el objetivo de cambiar las condiciones de vida de los no-adoptables en ese orfelinato. Esa asociación, devenida franco-vietnamita, hoy en día se ha desarrollado mucho, creando no solo un lugar donde los occidentales van a buscar niños, sino una verdadera aventura de solidaridad y amistad humanas. En medio de nuestra actividad, de tanto en tanto, Teresa traía su historia familiar bastante pesada. Pero ahora eso se había vuelto un detalle. En esta historia todo está desequilibrado. Y en la estabilidad que habíamos construido juntos, yo había vivido una bella aventura compartida.

Conclusión (muy) provisoria

¿La alternativa? Explorar los posibles

Como se habrá comprendido a través de la exploración crítica de las "herramientas terapéuticas" volcadas en este libro para intentar ayudar a nuestros contemporáneos a enfrentar los sufrimientos psíquicos de esta época, me inscribo en la fidelidad a lo que fueron las corrientes de investigación teórica y práctica en materia de psiquiatría y de psicoterapias alternativas. Estas fueron principalmente desarrolladas desde los años 1950 a la década de 1970 por François Tosquelles (1912-1994), Franco Basaglia (1924-1980), Jean Oury (1924-2014), Stanislas Tomkievicz (1925-2003), Ronald Laing (1927-1989), David Cooper (1931-1986) y varios otros, así como en nuestros pagos entre otros Alfredo Moffat y su psicoterapia del oprimido, o las investigaciones de Berman en su servicio de psiquiatría, entre muchos otros, portadores de toda una corriente esencial de pensamiento y de acción, cuya historia aún se está por escribir.

En Argentina, esta búsqueda avanzó mucho hasta ser interrumpida en 1976 por la dictadura militar y por la llegada de un lacanismo esotérico. En Francia, como en otros lugares de Europa y de Estados Unidos, las terapias modulares han suplantado al psicoanálisis clásico, sea el freudiano, lacaniano o junguiano, y recorrimos en esta obra las razones del porqué de este fracaso. Esas terapias modulares, también, han colaborado en dispersar las herencias felizmente muy vivas —a pesar de que están más o menos soterradas— de la antipsiquiatría y de la psicoterapia institucional, psiquiatría democrática, de los precursores que acabo de citar.

Hoy, cuando las tecnociencias vociferan que "todo es posible", cuando se habla del 'posthumano' y del 'hombre aumentado', es más que deseable que la psicoterapia vuelva a sus raíces. Sin embargo, como vimos, es imposible resistir a la medicalización y la normalización de la vida psíquica con las herramientas clásicas de la modernidad, que son el sujeto del inconsciente y los tópicos freudianos.

De ahí la importancia de comprender cómo los fenómenos de subjetivación pueden anudarse a esta época de vida híbrida entre la persona humana y la robótica. Desde ahí, proponer a todas y todos los que sufren los insoportables dictados, los medios alternativos para resistir. Evidentemente no lo son los supuestos terapeutas que utilizan técnicas adulteradas para engañar a los que sufren, aprovechándose del hecho paradójico de que estos, a menudo, prefieren ser engañados a recibir una ayuda terapéutica eficaz. La alternativa en la que me reivindico, filosófica y socialmente articula al contrario, la clínica con la emancipación.

En un momento en el que un ministro delincuente se dice víctima de una "fobia administrativa", o que a una niña inquieta le atribuyen un déficit de dopamina y a la infidelidad de un cónyuge un déficit de oxitocina, la *terapia situacional* se da como objetivo resistir a esta dislocación de toda singularidad. Esta resistencia, que siempre es una resistencia-creación, pasa por la producción de singularidades territorializadas, es decir, de hombres y mujeres que como resultado de su proceso terapéutico, puedan comprender que la vida no es algo "personal". La emancipación no pasa por la liberación del individuo respecto del poder, porque el propio individualismo es una alienación. Es preciso buscar liberarse no como individuo, sino como sociedad del "poder del individuo", es decir, de la figura alienada que esta implica.

No hay una 'gran' historia y una pequeña historia, sino modos más o menos potentes de participar en la historia, de componer una multiplicidad de procesos. Contribuir a emancipar la potencia de la vida en todas sus formas y dimensiones es el compromiso y la razón de ser de la terapia situacional.

Posfacio

A propósito de la Clínica del malestar

En la alegría del encuentro, de la construcción de una amistad que permitió abrir al pensamiento, armamos una conversación.

Conversar es algo que estimula el intercambio; no es contar, es producir algo —una idea, una emoción, un afecto, un pensamiento, una curiosidad que no estaba antes y no se puede prever—, vale decir, un clima a partir de un encuentro. Es enriquecerse con lo que aporta el otro. Supone disponibilidad mutua para pensar y decir. Requiere desatarse de teorías o mandatos que direccionen nuestra forma de pensar, desterritorializándonos de nuestras zonas de confort. Este texto intenta formar parte de estas ideas que elaboramos en conjunto.

En el campo de la Salud Mental la innovación de dispositivos, es decir, la ampliación de la escucha, ha sido el resultado de resistencias a diversos arrasamientos subjetivos vividos en distintos momentos de la Argentina. Hemos atendido por décadas en parques de hospitales, rincones, en el comedor de salas de internación, salas de espera, salas de clínica médica, consultorios. Hemos llevado el psicoanálisis a escuelas y diversas instituciones. Hemos roto las consignas santificadas de una técnica que solo parecía dar alguna seguridad al terapeuta y una pertenencia a grupos de colegas

Siempre atentos a un método y a una ética, pero aun así, parece que frente a dichas innovaciones de no atender el uno a uno hay que dar explicaciones a las audacias de no someterse a dogmas. Son muchos los psicoanálisis y variadas las técnicas, y esto, en algunos psicoanalistas sigue generando cuestionamientos.

Desde la perspectiva vincular se dio una práctica diferente como marca de inicio. La posibilidad del cambio del dispositivo individual al vincular, saliéndose de los parámetros tradicionales que le valió ser cuestionado en tanto psicoanálisis.

Al incluir el pensamiento de la complejidad, aparecieron nuevas ideas como lo indecidible de los límites entre sujeto y vínculo, la noción de causalidad recursiva, de un psiquismo abierto que puede modificarse a lo largo de la vida, el corrimiento del pensamiento binario causa-efecto, entre otras. Allí vivimos otro momento de reposicionamiento teórico, técnico, ético.

Nos encontramos enfrentando nuevos mundos.

¿Qué es lo actual? Un interrogante que no podemos responder, pero del que intentamos pensar algunas pistas.

Muy poco de lo conocido aparece a nuestros ojos y a nuestra escucha, más allá de los resabios de otros tiempos que coexisten con los nuevos. Nuestro objeto de trabajo ha cambiado a tal punto que nos lleva a pensar ¿qué clínica es posible hoy? Nos preguntamos cómo trabajar, cómo intervenir, cómo pensar situacionalmente. La complejidad la entendemos como modo de autoproducción del mundo, el 'no va más' al modo de vida que se manifiesta en el sufrimiento de la hipermodernidad, donde todo es posible, en la impotencia, y nos convoca nuevamente a repensar nuestra práctica. ¿Cuál es la invención que nos permite, en parte, aliviar algún sufrimiento subjetivo? ¿Cómo rescatamos potencias creadoras, en una dimensión diferente a la del algoritmo? ¿Lo situacional incluye el volumen no cuantificable de los cuerpos tanto del paciente como del analista?

Reposicionarnos clínicamente sería el modo de asumir lo dado. La ética no es encontrar otra técnica, sino estar abiertos al cambio. ¿Cómo pensarlo? ¿Cuáles son los bordes que nos permiten pensar ya que si todo es posible, nada es real?

Entendemos que lo situacional abarca la naturcultura, la digitalización, la época, lo neurofisiológico, que va modificándose en su interacción con las otras dimensiones produciendo otros modos de subjetivación.

Cambian los modos de individuación ya que ser sujeto es un modo de estar en el mundo. Si los pacientes que nos consultan responden a otras formas subjetivas, ¿serían válidos los psicodiagnósticos tradicionales?

El humano no tiene esencia, sino que deviene continuamente, en el estar siendo, sin anclar necesariamente en una identidad fija. Somos de acuerdo a los vínculos que establecemos. El encuentro analítico, cuando se produce, es en esa experiencia donde puede emerger una dimensión otra, en situación.

Los modos de relación definen la situación. Como lo dice Pessoa: "Somos una multiplicidad que se proyecta en una sola sombra".

El trabajo es acompañar a transitar los conflictos que no siempre tienen solución y en el caso de que se resuelvan, vendrán otros nuevos. No hay vida con positividad solamente, sino que conviven junto con la negatividad propia de la existencia. En ese sentido, el conflicto es para atravesar, paradojalmente, amigarse con los conflictos. No incluirse en la lógica del ingeniero, del 'problema a solucionar', tan cara a las terapias cognitivo-conductuales y toda otra que aplane la complejidad de la existencia en pos de un buen funcionamiento exclusivamente.

En este mundo en constante mutación, inédito, que nos deja perplejos, donde todo acontece a una velocidad que no alcanzamos a procesar, nuevos desafíos se nos imponen, no solo en no caer en la ilusión que tenemos que responder qué hacer, con soluciones como los tips de las terapias New Age, ni tampoco a los saberes cerrados de viejos dogmas.

¿Qué lugar nos queda para el debate de ideas, en tiempos donde parece existir una pasión por la ignorancia? ¿Un ataque de parte de ciertos poderes al conocimiento? ¿Qué efectos produce en el humano el quedar envuelto en mentiras y repeticiones de ideas con una insistencia arrasadora?

Elegimos soportar no saber, pero sí seguir pensando. Frente a este campo de incertidumbres, es deseable compartirlas con los lazos que podamos construir en tiempos de tanta fragmentación social. Una vincularidad que, como diría Ignacio Lewkowicz, surge y opera de modo que puede ser capaz de un encuentro en el que el otro me piense y nos piense configurando una comunidad. Tal vez por eso el privilegio de la construcción de la tribu.

Lic. Nélida Di Rienzo - Lic. Norma G. Edelstein - Lic. Valentina Esterovich - Lic. Graciela Pan

OTROS TÍTULOS DE MIGUEL BENASAYAG

¿Funcionamos o existimos? Una respuesta a la colonización algorítmica
Miguel Benasayag

Contraofensiva. Actuar y resistir en la complejidad
Miguel Benasayag; Bastien Cany

Experiencia y sentido común. Repensar la separación que impuso la modernidad
Miguel Benasayag; Bastien Cany

La inteligencia artificial no piensa (el cerebro tampoco)
Miguel Benasayag; Ariel Pennisi

La singularidad de lo vivo
Miguel Benasayag

Los nuevos sujetos del actuar. Posmodernidad y despolitización
Miguel Benasayag; Bastien Cany

Quienes formamos parte del día a día de Prometeo Editorial creemos en la palabra escrita, en la magia de las ideas y en el pensamiento crítico.
Soñamos herramientas que puedan ayudar a mejorar la humanidad y hacerla más democrática, más justa y más solidaria.
Pensamos que en el sur del mundo aún hay mucho por decir, por hacer y por cambiar.
Deseamos que este libro forme parte de hermosas bibliotecas que sabrán hacer de él un sólido instrumento de reflexión.

Impreso por TREINTADIEZ S.A. en 2025
Pringles 521 (C1183 AEI)
Ciudad Autónoma de Buenos Aires
Teléfonos: 4864-3297 / 4862-6794
editorial@treintadiez.com

Made in United States
North Haven, CT
17 October 2026

20543558R00075